图说军事百科

《图说经典百科》编委会 编著

彩色图鉴

南海出版公司

图书在版编目（CIP）数据

图说军事百科 /《图说经典百科》编委会编著. ——
海口：南海出版公司，2015.9（2022.3重印）
 ISBN 978-7-5442-7952-9

Ⅰ.①图… Ⅱ.①图… Ⅲ.①军事－青少年读物
Ⅳ.①E-49

中国版本图书馆CIP数据核字（2015）第204882号

TUSHUO JUNSHI BAIKE

图说军事百科

编　　著	《图说经典百科》编委会
责任编辑	张爱国　陈琦
出版发行	南海出版公司　电话：（0898）66568511（出版）
	（0898）65350227（发行）
社　　址	海南省海口市海秀中路51号星华大厦五楼　邮编：570206
电子信箱	nhpublishing@163.com
经　　销	新华书店
印　　刷	北京兴星伟业印刷有限公司
开　　本	787毫米×1092毫米　1/16
印　　张	7
字　　数	70千
版　　次	2015年12月第1版　2022年3月第2次印刷
书　　号	ISBN 978-7-5442-7952-9
定　　价	36.00元

南海版图书　版权所有　盗版必究

前言 Preface

　　战争推动着人类的文明，人类文明也影响着战争，虽然现在是和平时代，青少年无法成为一场战争的参与者和见证者，但通过这本军事百科，青少年可以身临其境，真实地感受战争。

　　这本军事百科吸收了国内外最新的军事理论成果，分为军队成员大演变、军队大家庭、战争大盘点、著名军事人物、著名军事战役、世界著名军校、特种部队等篇章，既包括几千年来的人类军事、战争史，也涵盖了各种主要的战略、战术知识；既有各类兵种特点及兵器知识，又有各类战争、战役的主要特征。简言之，该书系统、全面地介绍了军事方面的基本知识，是一部实用价值极高的军事百科工具书，也是奉献给中国军事迷的一份珍贵礼物。它将成为广大读者朋友的好伙伴，指引你们走进军事科普的浩瀚海洋。本书有两大亮点：一是内容新颖，介绍了大量目前世界最先进的武器装备；二是统计数据权威，所有数据都经过多次审核。

　　通过阅读本书，青少年可以了解军事历史的过去、现在和未来，可以认识到世界各国的伟大军事人物以及军事战争的发生，为青少年对世界的认识提供了可靠的保证。我们希望青少年从小热爱和平，也希望青少年了解战争、认识战争，这样才能成为一个有知识、有觉悟的人。

目录 Contents

Ch1 军队成员大演变

古代步兵——最原始的大兵 / 2
古代骑兵——最早能飞的士兵 / 4
古代海军——蓝海英雄萌芽 / 6
现代陆军——迷彩服的方队 / 8
现代海军——海洋的蓝色之旅 / 10
现代空军——鹰隼突击队 / 12
两栖部队——鳄鱼人团队 / 14

Ch2 军队大家庭

特别作战部队——冲锋陷阵的主力 / 17
指挥机构——军事行动的大脑 / 18
参谋部——军队的左膀右臂 / 20
训练机构——士兵的大学 / 22
情报人员——刺探敌情的尖兵 / 24
后勤补给——生活保障部长 / 26
通信人员——保障信息畅通 / 28

Ch3 战争大盘点

第一次世界大战——破坏性较大的一次战争 / 31
第二次世界大战——世界再次遭受重挫 / 33
反恐战争——头戴反恐面具的战斗 / 36
生物武器战争——令人恐怖的致命危害 / 38

化学武器战争——无声的杀手 / 40

核武器战争——具有时代意义的高科技战争 / 42

Ch4 44 著名军事人物

战国英雄——孙膑 / 45

西楚霸王——项羽 / 47

精忠报国——岳飞 / 49

神算军师——诸葛亮 / 51

奇迹创造者——拿破仑 / 53

美国之父——华盛顿 / 55

战争赌徒——山本五十六 / 57

沙漠之狐——隆美尔 / 59

海军鲨鱼——邓尼茨 / 61

盟军统帅——艾森豪威尔 / 63

强敌克星——蒙哥马利 / 65

Ch5 67 著名军事战役

第一次鸦片战争——罪恶的印证 / 68

马恩河会战——人类绞肉机战争 / 70

索姆河会战——150天的拉锯战 / 72

德国对捷克斯洛伐克的闪电战——老虎对羚羊的突然袭击 / 74

斯大林格勒战役——保卫家园的战斗 / 76

对马海战——海上的大拼杀 / 78

中途岛海战——以少胜多的经典海战 / 80

英雄的末路——滑铁卢战役 / 82

凡尔登战役——一场地狱似的战争 / 84

目录 Contents

Ch6 86 世界著名军校

美国西点军校——世界第一军校 / 87
美国海军学院——英雄的母校 / 89
桑赫斯特皇家军事学院——英国皇家军校 / 91
克兰韦尔空军学院——英国航空军队的学校 / 93
黄埔军校——中国军事家的摇篮 / 95

Ch7 97 特种部队

意大利特种部队 / 98
英国特别空勤团 / 100
美国海豹突击队 / 103
印度国家安全卫队 / 105

图说经典百科

第一章
军队成员大演变

从古到今，军队的组成在不断地演变，从远古时代的步兵、骑兵，到工业时代的陆、海、空三军，再到今天的信息化部队，完整全面地向读者展示了一部波澜壮阔的兵种发展史。军队的演变，在很大程度上说明了人类科技和文明的伟大进步。军事方面的重大改变，是时代发展的需要，也是当今社会国家和平安全发展的需要。

古代步兵——最原始的大兵

"步兵"一词始见于《六韬·战步》。在夏朝,由于科技和兵源的限制,步兵作为一种战术被推广开来。最开始,步兵的徒步作战主要以木制兵器为主,后来青铜兵器和护具也逐渐开始使用。到了商朝,开始出现了有战车参与的战队序列,步兵被打散加入到战车中。

古代步兵发展的转型是很有意思的,实质上是步兵到车兵再回到步兵的一个过程。战车曾在夏初的甘之战中出现过。在商灭夏的鸣条之战中有数据记载使用战车70乘,武王伐纣中使用战车300乘,周宣王攻楚用战车3000乘。大概在商朝后期,车战作为一种战术就已经变得举足轻重了。

◆ 步兵的兵器及演变

黄帝时期步兵的兵器大多是以木、石、骨制的兵器为主,但是史书上也有关于蚩尤部落使用金属武器的记载。至夏朝建立,虽然金属兵器没有成为主力,但是已经发展出很多类型的青铜兵器,如刀、戈、戚、镞、矛、匕首等。西周铜兵器的技术和形制都有显著改进,出现了合戈、矛为一体的戟。

◆ 最早的步战方阵

魏舒方阵是我国历史上第一个独立的步兵方阵,是由晋国大夫魏舒创出的。魏舒步兵方阵的总体由五个互相掩护的大方阵组成,《左传》称为"五阵",但其中最前边的一个方阵皆是为了诱敌而设的老弱士兵。所以它实际只是四个方阵,按前、后、左、右配置,中间并无方阵。

知识链接

公元前541年，晋国大夫魏舒在一次与敌人的遭遇战中，由于战场地形险隘，战车无法展开，便"毁车以为行"，把甲士和步卒混编在一起，组成了我国历史上第一个独立的步兵方阵——魏舒方阵。

这种"五阵"的好处在于可以在狭窄地形上直接由行军队形展开为作战队形，这样就减少了过长的布阵时间，运用于野战时，伤亡只会影响方阵的大小，并不会造成缺口。魏舒方阵的基本单元是二十五人组成的小方阵，其中包括十五名着甲步兵（由甲士改编）和十名轻装步兵（原隶属于攻车的步卒）。

↓古代攻城用的梯车

古代骑兵——最早能飞的士兵

早在战国时期,骑兵就已经出现了。骑兵,顾名思义就是骑马作战的军队或士兵。我国在春秋时期以前主要是以车战为主,春秋时期步兵开始兴起,各国的军队中开始有了少量的骑兵,同战车步兵混编,当时的骑兵只是起到一些辅助作用。到了战国时期,随着战争规模的扩大,骑兵作为一种独立的兵种开始正式登上战争舞台。

战国时期的骑兵

战国时期,由于战争的需要,各大国都相继建立了骑兵部队。其中,进行最大变革的是赵国。赵国地处北边,与林胡、匈奴等少数民族为邻,常常受到他们的扰乱,而赵国传统的步兵在与灵活、快捷的胡人骑兵作战时十分不利。

为了改变这一状况,赵武灵王在国内进行了"胡服骑射"的改革:削减军中的车兵,增加骑兵;改穿紧身的服装,方便进行骑射,最终,赵国通过改革加强了军队实力,一举打败了胡人。赵国后来也因为有了这支强大的骑兵,成了战国后期军事上能与秦国抗衡的强国。

战国时开始大量使用骑兵作战。赵国以步骑兵攻林胡,李牧用万余骑兵配合步车歼灭十余万匈奴,都是骑兵作战的经典案例。秦国也以骑兵精良著称,秦赵长平之战中,秦军用五千精骑截断赵军,对长平一战的胜利起了关键作用。

两汉时期的骑兵

进入两汉时期,中国骑兵迎来了发展的黄金时期,骑兵迅速壮大,成为决定战争胜负的重要力量。说到汉代骑兵的发展,就该说说匈奴骑兵。匈奴是北方的游牧民族,全族多为能骑善射之士,一直对汉朝的北部虎视眈眈。匈奴人是典型的亚洲式轻骑兵，他们作为游牧民族，从小生长在马背上，长于骑射。

为了改变对匈奴作战的不利局面，汉朝开始大力发展骑兵。到武帝时，汉朝已有十余万骑兵，汉朝名将卫青、霍去病多次率领骑兵大战匈奴。

汉代骑兵发展壮大，成为军队的主力军种，取代了战车的位置。汉代已经有了轻骑兵和重骑兵之分：轻骑兵基本无甲，武器以弓箭为主，配备较矮小的战马；重骑兵着甲，武器为戟、矛、环首刀等近战武器，配备高大的马匹用于冲锋陷阵。

三国、晋、南北朝时期的骑兵

这是一个战乱的时代，战争十分频繁，特别在十六国、南北朝时期，大量北方游牧民族入主中原，骑兵的数量达到了最高峰，交战各方（主要是北方）都大规模使用骑兵。

隋、唐、五代时期的骑兵

这一时期，骑兵已经确立了在军队中的地位。在这一时期，骑步并重，各国的骑兵规模虽不及南北朝时期，但是骑兵仍是一支重要的力量，受到较大的重视。唐太宗李世民就善于使用骑兵，他著名的六匹坐骑被称为昭陵六骏。

知识链接

太宗昭陵是唐朝第二代皇帝李世民的陵墓，是陕西关中"唐十八陵"中规模最大的一座，位于陕西省礼泉县城东北22.5千米的九嵕山上，被誉为"天下名陵"。

昭陵六骏是昭陵北面祭坛东西两侧的六块骏马青石浮雕石刻。六骏造型优美，线条流畅，是难得的艺术珍品。这六骏是李世民在唐朝建立前先后骑过的战马，分别名为"拳毛䯄""什伐赤""白蹄乌""特勒骠""青骓""飒露紫"。

↓唐朝骑兵军阵

古代海军——蓝海英雄萌芽

中国是世界古代海军发源地之一，在海军建设方面取得了举世瞩目的成就。从远古时代开始，中国就开始了自己的造船和航海的事业，并对中国历史和世界文明作出了伟大贡献。

中国古代海军的产生

远在两千多年前，中国古代海军就已诞生。我国最早的水战，开始于春秋中后期，楚吴水战是史籍明确记载的我国第一次水战。此后，吴越水战继之而起，并逐步扩展于海上。

春秋战国时期，由于争霸斗争的需要，邻海的一些国家开始发展造船业，创制水战兵器，编组舰队，建立"舟师"，水战、海上军事行动日益频繁，并且也有一些水战战法的著作相继出现。这说明当时我国古代海军已经产生，中国也当之无愧地成为世界古代海军的发源地之一。

一路走来的古代海军

春秋战国时期是中国古代海军的产生和初创阶段，到了秦汉时期，随着社会经济的发展和国家的统一，造船技术和造船能力有了明显的进步和提高，战船种类也日益完备。

三国两晋南北朝是我国历史上一个长期分裂争战的时期。这一时期，中国古代海军的舰船、武器、作战艺术在艰难中仍不断发展，尤其是南方的吴国、东晋和南朝的海军建设持续发展，甚至涌现出不少新成果、新发明。

隋唐时期，随着经济、科学技术的发展和国力的增强，海军武器装备水平不仅达到了冷兵器时代的顶峰，而且造船能力和造船技术也得到空前提高。

南宋开始大规模向海洋挺进，中国海军舰队逐渐控制了中国东海部；元代继续发展，进而取得了南中国海的优势。

明清，中国海军走向衰落的一个时期

明清是中国海军从顶峰走向衰落的时期。明初中国舰队的远航达到登峰造极的地步，巡航于印度洋海区。但到了15世纪下半叶后，中国古代海军却逐渐走向衰落。

其中，特别值得一提的是郑和的远洋舰队。这支舰队7次远航印度洋，标志着海军力量达到中国古代海军的顶峰。但是由于政府的腐败，社会的动荡不安，中国古代海军最终还是走向了衰落。

纵观历史，中国古代海军建设的成就是巨大的，无论是在舰船制造、航海技术，还是在海军建设、海战艺术等方面，均长期居于世界前列。中国人民和广大海军官兵以自己的智慧和意志谱写了一部光辉灿烂的中国古代海军史。

扩展阅读

北洋水师，也叫作北洋舰队，是中国清朝建立的第一支现代化海军舰队，同时也是清政府所建立的三支近代海军中实力和规模最为强大的。

北洋水师由直隶总督、北洋大臣李鸿章督建。1875年，李鸿章在英国订造了4艘炮船，开始了清政府向国外订购军舰的历史。1879年，向英国订造巡洋舰"扬威""超勇"。1880年，向德国订造铁甲舰"定远""镇远"。之后又陆续从国外订购多只舰船。

1888年12月17日，北洋水师正式宣告创立，从此中国海军拥有了一支在当时堪称世界第六、亚洲第一的海军舰队。然而，1888年后北洋水师的经费大大减少，此后数年都未购置新舰，这也为后来北洋水师在甲午海战中的惨败埋下了伏笔。

↓古代船

现代陆军——迷彩服的方队

说到现代化陆军是什么样，很多人会想到新式坦克、装甲车、自行火炮、攻击直升机等一些新型的武器装备。但是这些应该是现代陆军的特征吗？让我们先回顾一下陆军的发展史。

陆军的演变发展史

早期的陆军特点是步兵在前、火炮在后，阵地上铁丝网加壕沟，躲在掩体里边的机枪手不断地射击。后来坦克出现了，笨重的坦克可以轻松地突破有机枪和火炮的阵地，过壕沟、过铁丝网。单纯依靠步兵和炮兵阵地防御的战术就这样慢慢地结束了，取而代之阵地上多了很多东西，如打飞机的高射炮和高射机枪。再后来，就出现了一些反坦克武器，如反坦克枪、反坦克火炮等，这些强大的武器遏制了坦克的威力。

到了二战，陆军又有了全新的发展。依靠轮式车辆快速机动的摩托化师，依靠坦克和装甲车进攻的坦克机械化师的大量出现使陆军开始了一个可以发起快速进攻的时代。即使是在二战之后，发达国家的陆军发展还是以机械为主的。美国、苏联的陆军大力发展机械化武器，火炮的自行化也是主要趋势。这个时期陆军武器主要是以反步兵反坦克为主，火箭筒、反坦克导弹的出现使陆军装甲部队面临严峻的挑战。

海湾战争中，陆军新的王牌出现了，它就是攻击直升机。陆军中的步兵、炮兵、装甲兵的平衡很快就被打破了，美国陆军中的直升机航空旅的出现使其他陆军兵种有了一种危机意识。从而，现代化陆军又有了新的标准。

现代化陆军的定义

现代化陆军并不是用一些先进

的主战武器就可以，它还应该拥有现代化的后勤装备和其他一些工程装备。其中，主要是装甲抢修车、重型运输车、人员救护车等。其他后勤车辆和工程车辆还包括大家熟悉的卡车、油罐车、油罐拖车、扫雷车、三防车、防化车等。还有大量的阵地机械，比如挖战壕的掘壕机等阵地工程车辆和设备、道路工程车辆和设备。

现代化陆军的武器体系有这样一些特征：最有进攻力的空地武器体系，主要由攻击直升机和直升机携带的武器构成。地面武器系统，主要是坦克、装甲车辆、自行火炮、牵引火炮、自行反坦克导弹发射车、自行防空车等。地面主战武器系统主要分为两种，其一是以地面打地面目标的武器，如坦克等武器；其二是以地面打空中的武器，如自行防空车等。此外陆军的电子战武器也是现代化陆军的标志之一。

现代化陆军已经发展成为一个高度合成、技术密集的军种，现代化陆军应该有能力在战场抵挡空军和海军的进攻。具有一套完善的防空系统是未来陆军生存的主要保证。

知识链接

坦克也可称为战车，是现代陆上作战的主要武器，有"陆战之王"的美称，它是一种具有强大的直射火力、高度越野机动性和很强的装甲防护力的履带式装甲战斗车辆。

↓直升机

现代海军——海洋的蓝色之旅

所谓海军指的是一个国家海上军事和防御的全部军事组织，包括船只、人员和海军机构。在海上作战的军队，通常由水面舰艇、潜艇、海军航空兵、海军陆战队等兵种及各专业部队组成。

新中国海军70多年来的三个发展阶段

海军的产生和发展源远流长，主要以战船或舰艇为主线，从原始简单的古代战船发展到多系统的现代舰艇，从个别分散的技术推演出密集综合的技术，经历了数千年的漫长过程。

新中国海军70多年来的发展总体上经历了三个发展阶段：20世纪五六十年代，中国海军只能采用近距离靠岸的防御措施，用快艇在距海岸仅几十海里处打一些小仗。

到了七八十年代改革开放后，海军进一步发展为近海防御，但是因为舰艇吨位小、技术落后，所以很难较长距离地航行。

进入新世纪后，中国海军舰队开始迅速壮大，在远航能力方面也取得了很大的进步。从近海走向远海，中国海军最终成为当今保障中华民族和平发展的重要力量。为维护国家安全和领土主权的完整，中国掀起了三次造舰高潮，均取得了很好的成果。

虽然我国海军建设中还存在一些问题，但有理由相信，我国海军成为一支真正的蓝水海军的日子已经不远了。

建设中国海上力量

当今的现代化海军，是一个国家海上力量最恰当的代表者。在陆、海、空、火箭军等中，也只有海军是一个国际性的军种。依据时代的发展要求，中国海军正与时俱进，加快由绿水（保护领海和领土完整与权益）向蓝水（确保中国海上生命线的畅通）转型的发展步伐。

改革开放后，中国军队逐步走出国门，走向世界，航迹遍布五大洲、四大洋的几十个国家。目前，中国海军的北海舰队、南海舰队、东海舰队这三大舰队经过十几年艰苦的海上作战演练，现已基本形成了海上立体机动作战体系和比较完善的支援保障系统，能够保障诸军兵种实行联合作战，舰队远海全天候快速反应作战行动的能力也得到了提高。

同时，三大舰队还开展了海上反恐、多国海上联合军演等一系列非传统军事领域内的海上行动演练。这些演练在某些程度上说明了中国现代海军到达的一个高度，在军队建设上取得了突出的成就。

2007年3月和6月，中国海军参加的阿拉伯海和马六甲海峡海上联合反恐军事演习，加大了舰队与其他国家海军展开海上国际合作的训练力度。

近些年来，中国海军从战略思想到作战装备发展都经历了很大的变化。中国现代海军正在为成为一支真正的蓝水海军努力奋斗着。

扩展阅读

中国现代海军之父刘华清，于1916年生于湖北黄安，是中国人民解放军高级将领，上将军衔。曾任海军司令员、中共中央政治局常委、中央军委副主席。他为中国海军的现代化建设作出了不可磨灭的贡献，被国外媒体称为中国的"现代海军之父"和"中国航母之父"。

↓海军雕塑

现代空军——鹰隼突击队

空军是以航空兵为主体，进行空中斗争、空对地斗争和地对空斗争的一种军种。一般包括航空兵、地面防空兵、雷达兵等，空降兵隶属空军建制。空军具有远程作战、高速机动和猛烈突击的能力，既能协同陆军、海军作战，又能独立作战。

中国空军的发展

我国空军正式组建于新中国成立初期。但早在20世纪20年代，我国就曾有留学生干部到苏联去学习航空技术。抗日战争初期，中共中央又选派40多名干部组成航空队，去新疆学习航空技术。1946年，我军第一所航空学校在东北建立，培训了一批飞行员和航空工程机务干部。1949年3月，中国人民革命军事委员会组建军委航空局，统一领导中国人民航空事业。同年7月建立了中国人民解放军空军领导机构，空军在之后的一些改革建设中迅速成长起来。

1949年12月—1950年1月，第一批航校建成开学。1950年8月，中国空军组建了第一支空降兵部队——空军陆战第1旅。20世纪五十年代中期，开始有了国产飞机。1957年，防空军与空军合并，空军编成中增加多种兵种，如高射炮兵、雷达兵、通信兵、地空导弹兵等。1958年，中国空军组建地空导弹部队。经过多年的发展，空军已成为具有现代武器装备、能执行多种作战任务的多兵种合成军种。

空军的主要任务

空军的作战任务主要是协助及配合地面部队的攻势及行动。一般的常规战争，会先由侦察机进行侦察行动，最初会由空军提供重型火力攻击，摧毁敌方主要防空设施、电力设施、军事基地等重要目标，再由轰炸机进行轰炸，战机对空地面积进行精确测量，之后由地面部队进攻，而在战争的过程中也会配合地面部队做出攻势。同时，以击退敌人航空部队为目的而进行的制空任务也是必需的。

平时，空军负责执行空域的巡逻、重要航空器的护航、各种影像及电子情报等的搜集、大范围的巡逻与监视等任务。必要的时候，也出动协助救灾，例如台湾9·21大地震时就是空中预警机负责救灾机队的空中管制任务。某些情况下，空军也会对境内武装势力与反政府组织、恐怖分子等进行威慑及攻击。

知识链接

中国空军是规模仅次于美国空军和俄罗斯空军的世界第三大空军部队。

自1949年11月11日建成之日起，中国空军在抗美援朝、解放沿海岛屿、支援地面剿匪、国土防御、出国支援作战中取得了出色的战绩。与此同时，中国空军中涌现出一批战斗英雄，如人们熟悉的王海、赵宝桐、孙生禄、张积慧、刘玉堤等人。

↓ 空军演习

两栖部队——鳄鱼人团队

所谓两栖作战部队,就是指在水中、陆地上都能进行作战的精锐部队。两栖作战部队作为登陆战中第一批上陆的部队,其特点是自身具有一定的浮渡能力,能从较远距离入水上岸,不完全依赖登陆舰的直接冲滩或港口卸载。

两栖作战部队的历史

最早的两栖战发生于一战期间,即1915年加利波利的两栖战。当时英法两国为了打击德国的同盟土耳其,于1915年4月25日在达尼尔海峡的加利波利岛的南端赫利斯角、加巴泰佩等地区实施登陆作战,英法联军共投入8万多人。由于土耳其早有防御准备,所以这次长达一年的登陆战,最终以英法两国的失败而告终。但是这次战役却是世界两栖作战史上的第一次,也是目前为止规模最大、时间最长的一次两栖部队作战。

二战期间,两栖部队得到了空前的发展,各大国纷纷组建了自己的两栖部队。据不完全统计,二战中发生的两栖战有数百次之多,大规模的两栖战也有数十次。其中较著名的有1940年的挪威登陆战、1941年的刻赤费-奥多西亚登陆战、1942年的北非登陆战、1943年的西西里岛登陆战、1944年的诺曼底登陆战、1945年的冲绳登陆战。在这一时期,两栖作战部队得到了稳定的发展,并且开始逐步为各个国家所接受,从此以后基本上每个国家都开始逐渐发展自己国家的两栖部队。

在二战后也发生了几次两栖战。比较有价值的两栖部队作战案例如1950年的仁川登陆战、1982年的马岛登陆战、1983年的格林纳达登陆战,以及1991年海湾战争中的两栖战。

两栖作战的方式（类型）

两栖作战有很多类型，有两栖佯攻、两栖包围、两栖袭击、两栖夺占、两栖试探等。

两栖佯攻在战斗中所起到的主要作用是牵制并且迷惑对方，使用火力攻击敌方滩头阵地，并且将舰艇放入水中驶向敌人方向，但是不在交战滩头或者战场登陆，而是返回舰队或者在其他敌方区域登陆作战。

两栖袭击是指由乘坐登陆舰船或者直升机的部队从海上实施的攻击，这种战术主要用于迅速摧毁敌人陆地上的设施并且收集情报。

两栖包围是指不需要出动任何舰艇的侧翼行动，利用登陆舰将部队登陆上岸，并将部队部署在距离敌人数里之外的地区展开阵势，对敌人形成包围，以达到预期效果。

两栖夺占是指夺取一个孤立于敌主要增援力量之外的小型目标。这种作战的目标通常是一座岛屿，但有时也可能是一座与外界分离的机场或船舶锚地等。

两栖作战作为一种战斗模式，也被历史记录了下来。

知识链接

海军陆战队也是传统的两栖部队，指的是既能在水上也能在陆上作战的精锐部队。当然我们国家还有一些精锐的陆军部队，常年进行两栖作战的训练，以应对未来的军事斗争。

↓ 海军陆战队

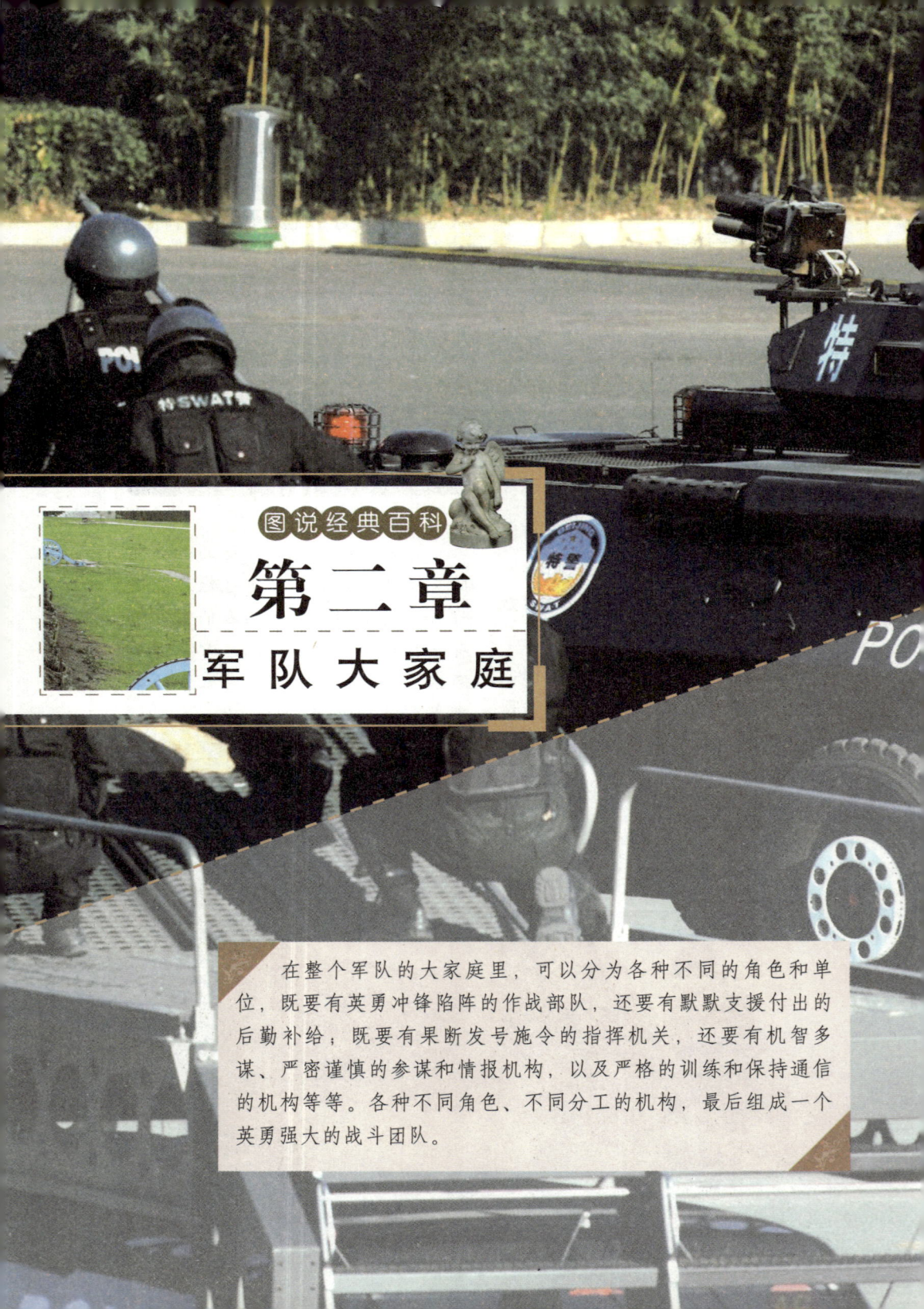

图说经典百科

第二章
军队大家庭

在整个军队的大家庭里,可以分为各种不同的角色和单位,既要有英勇冲锋陷阵的作战部队,还要有默默支援付出的后勤补给;既要有果断发号施令的指挥机关,还要有机智多谋、严密谨慎的参谋和情报机构,以及严格的训练和保持通信的机构等等。各种不同角色、不同分工的机构,最后组成一个英勇强大的战斗团队。

特别作战部队——冲锋陷阵的主力

特别作战部队，一般是指国家或集团为实现特定的政治、军事目的，在军队内部专门组建的执行特殊任务的部队，具有编制灵活、人员精干、装备精良、战斗力强等特点。

特别作战部队起源

特种部队最早源于德国。二战前，1936年德国最高统帅部军事情报局局长卡纳里斯海军上将成立勃兰登堡特种部队，该部队成员素质相对普通士兵高很多。二战爆发后，该部队成员潜入敌对国家中实施广泛破坏行动，战果显赫，世界上特种作战部队的主要作战模式因此确立。

美军特别作战部队由陆军特别作战部队、空军特别作战部队和海军特别作战部队组成。美军特别作战指挥机构包括联合特别作战司令部、陆军特别作战司令部、空军特别作战司令部、海军特别作战司令部和战区特别作战司令部。

美军特别作战部队的任务是由国家的安全环境、军事战略及特别作战部队的能力所决定的，其可能担负的主要任务为非常规作战、外国内部防卫、特种侦察、保障援外活动、反恐怖主义行动、心理战及营救等。非常规作战主要包括游击战、颠覆、破坏和情报搜集等活动。援外活动主要是帮助美国的友好国家制止反政府活动和暴乱，有时也可直接参加镇压行动。

陆军特别作战部队的主要装备，轻武器有轻机枪、冲锋枪、手枪等，其中有一部分经过特殊改装。海军特别作战部队的单兵装备与陆军特别作战部队的相似。空军特别作战部队装备的飞机达150架，此外还有一定数量的MH－60G、HH－3等型号直升机。MC－10E运输机经过改装后具有超低空输送能力，新装备的MC－130H飞机装备有空中加油系统、高速低空投放系统、惯性导航系统和全球卫星定位系统。

指挥机构——军事行动的大脑

指挥机构相当于军队的大脑，命令从这里发出去，使得军队的各项行动能够有条不紊地进行，特别是在战争时期，指挥机构能够使军队的整体能力和效率发挥到最大。本章以世界军事指挥机构的典型代表——美国五角大楼为例。

历史背景

五角大楼坐落在美国华盛顿附近的阿灵顿镇，是美国国防部所在地。从空中俯瞰，这座建筑成五角形，故名"五角大楼"。

美国五角大楼的建设还要从二战说起：1941年初，希特勒控制了欧洲大部分，时任美国总统的罗斯福宣布全国进入紧急状态。当时迅速壮大的美国陆军部（国防部前身）急需一座新的指挥基地，于是五角大楼在这样的背景下开始动工。

五角大楼的设计负责人是陆军准将布里恩·伯克·萨默维尔。当时，鉴于战事形势的紧迫性，上级仅仅给了他4天时间提交出一个具有防火和全空调功能的、能容纳4万人办公的行政大楼设计方案。萨默维尔最初将办公大楼设计为不规则的五边形。基于可利用的土地面积和建筑形状的限制（正方形或矩形占地面积过大），五边形被认为是这座大楼最佳的建筑形状。

1941年7月，五角大楼立体版的建筑图绘制成功。尽管它的不规则形状还是引出了许多问题，但基于客观环境的限制，五边形的设计方案还是最佳的选择。绘图者苏格拉底·托马斯后来回忆说："我们惊讶地发现，五边形是最适合它的。"

五角大楼可同时容纳4万人办公，而每人的可使用面积达9.3平方米。

五角大楼工程遭到当时美国国会的反对，议员们称五角大楼工程进度过快、耗资过大,并且会破坏阿灵顿烈士陵园周围的环境。1943年1月,仅仅16个月的时间,这一号称世界占地面积最大的办公建筑宣告竣工,并按其建筑外形命名为五角大楼,立即投入使用。

国家历史标志

五角大楼于1943年5月启用。1947年9月,美国第33任总统杜鲁门建立的国防部开始在此办公。从此,五角大楼便成了美国国防部的代称。楼里除国防部机关外,还包括下属的参谋长联席会议和陆、海、空军总部。

大楼南北两侧各有一大型停车场,可同时停放汽车1万辆。有"国防部灵魂"之称的参谋长联席会议在二楼,这一层办公楼铺有金色地毯,人称"金厅",国防部长办公室和陆军部在三楼。三楼走廊一角有一个"英雄厅",这是为纪念独立战争以来的"最高荣誉勋章"获得者而专门设立的。

另外五角大楼还有马歇尔、艾森豪威尔和麦克阿瑟三位将军的"纪念走廊",陈列着他们各时期的照片、军装、勋章、手枪,以及他们所签署的命令、文物等。

1993年5月12日美国内政部把五角大楼定为国家历史标志。

组织情况

美国国防部当前体系由国防部长办公厅、参谋长联席会议、3个军种部、10个联合作战司令部、国防部所属16个局和6个专业机构组成。

美国国防部长是五角大楼的领导官员,负责所有军事方面的事务。国防部长的角色是担任总统的主要国防政策顾问,并负责规划一般国防政策和与国防部相关的其他政策、执行获得认可的政策。而且国防部长有副部长和负责不同领域的几位次长提供协助,包括:采购、科技和后勤、监察官、财务官、情报、人事、政策。所有这些次长的任命都需要经过参议院的认可。

另外,国防部长和总统共同组成了国家指挥当局,其具有发动战略性核武器的专有权限。所有的核武器都在"两人规则"的管理下。在核武器发动前,必须同时获得国防部长和总统的同意。

参谋部——军队的左膀右臂

所谓总参谋部就是军队或武装力量的军事指挥机关。其主要任务是在总参谋长领导下，贯彻执行最高统帅和国防部长的命令、指示，搜集和提供情报，可以说是军队的左膀右臂。在军队，参谋部掌管军队的组织建设、装备计划以及军事训练、行政管理等事务。

参谋部是怎么产生的呢

普鲁士军队于1785年开始设立参谋部，负责为领导搜集情报，直到1806年发展为独立的作战参谋机构。19世纪下半叶至20世纪初，奥匈帝国、法国、俄国、日本、美国和英国等很多国家纷纷效仿普鲁士建立同样的参谋部或者类似的机构。

在第一次和第二次世界大战中，各国的参谋部开始发展成为军事领导指挥的中枢。现在，世界上的很多国家都设有参谋部，行使的权力也不尽相同，名称、隶属关系与性质也不完全一样。

各国的武装参谋部

苏联的武装部队总参谋部，就是苏联的国防部长通过参谋部指挥军队实施行动的机构；美国的参谋长联席会议，就是总统、国防部长作战时的指挥机构；英国的国防参谋部，也是英国首相咨询军事和指挥军队的地方。

但是法国的参谋长委员会，则仅仅是国防部长领导下的军事咨询机构，但是战争时却又在总统领导下实施作战指挥。1911年4月，中国清朝政府设立了类似总参谋部的军咨府。1928年，国民政府设立了参谋本部，由参谋总长负责领导。

参谋部在中国的发展

中国人民解放军总参谋部,是在人民军队创建和发展过程中逐步建立与发展起来的。1927年8月1日南昌起义时,设立了参谋团,负责制订军事计划,指挥军事行动。1931年11月,正式成立工农红军总参谋部,统一负责红军的作战指挥和军事训练。1935年6月,总参谋部改称中国工农红军总司令部,到抗日战争初期,又改为总参谋部,中央军委设立参谋长,负责领导总参谋部的工作。

中华人民共和国成立初期,总参谋部隶属于中央人民政府人民革命军事委员会,设有作战、通信、情报、军务、军训、军校、军事运输、人民武装、测绘和气象等部门。到1954年,改称中国人民解放军总参谋部,隶属于中国共产党中央军事委员会,总参谋部进行了调整,增设外事、机要与管理部门。

根据1958年军委扩大会议的规定,总参谋部作为中央军委统率全军的军事工作机关,其职责是:在中央军委的领导下,负责组织计划军队的编制、装备、训练、兵役、动员、战场准备、工程建设、作战指挥、行政管理、后备力量建设等方面,并负责组织各部门的协同,调节和解决军事工作中有关的各项问题。

随着国防建设的发展,总参谋部经过整顿、精简、调整,2016年改为中央军委联合参谋部,组织机构进一步健全完善,并不断加强指挥手段建设,进一步提高了组织指挥效能。

谁曾担任中国参谋部参谋长

在革命战争年代,先后担任总参谋长的有叶剑英、刘伯承、肖劲光、滕代远、彭德怀、周恩来,中华人民共和国成立后的历任总参谋长有徐向前、聂荣臻(代)、粟裕、黄克诚、罗瑞卿、杨成武(代)、黄永胜、邓小平(兼)、杨得志、迟浩田、张万年、傅全有、梁光烈、陈炳德等。

↓南昌起义石雕

训练机构——士兵的大学

训练机构就是指对士兵进行基本军事知识和作战技能训练的机构,目的是使士兵掌握手中武器装备的操作使用和维护技能,熟悉战斗原则和方法,熟练战斗动作,养成良好的军人作风,提高身体、心理素质,使其适应艰苦条件下的作战。

漫长的发展历程

就历史发展来看,士兵训练经历了漫长的发展过程。冷兵器时代,主要培训的就是练习武艺,以弓、戈、殳、矛、戟等兵器的使用为主要内容,重点是锻炼体格的同时训练排演阵法。火器时代,发射训练逐渐占主导地位,枪法、炮法成为训练的主要内容。同时,发射训练的发展也促进了战法训练。核武器时代,新式兵器装备军队,先进器材用于训练,士兵训练有了新的变化,增加了现代科技知识、新武器操作使用和专业技术等内容,因而更加强调士兵要熟练掌握手中的武器装备,精通技术,突出精神训练和体质、意志训练,以适应紧张、激烈、艰苦战斗的需要。

与以往不同的士兵训练

现在的士兵训练同以前不同。现代士兵训练通常采取专设机构训练和部队自训两种形式。技术比较复杂的专业技术兵、各类班长均在专设机构中培训。如陆军部队中的坦克乘员、报务员、司机、卫生员、后勤修理工和各种大型工程机械操作手;其他士兵由部队自训。部队自训采取分编分训、混编分训、混编混训几种形式。训练中严格按军事训练条令、条例、大纲、计划的要求施训,切实打好政治思想、军事技术、作风纪律、身体素质基础,把士兵训练成合格的战斗员。

美、英、法国的训练如何

美军把新兵入伍训练分为两大部分：前半部分叫"基本战斗训练"，时间为9周；后半部分叫"高级单兵训练"，就是对拟担任不同岗位工作的士兵再进行一定时间的专业训练。号称"最强陆军"的法国也有其特殊的训练方式，在法国新兵入伍必须要接受长达4个月的新兵训练，这样的训练时间在全世界来说也是不多的。

英国的士兵训练时间周期大致在4周左右，但是训练强度却是比较罕见的。由于英国军方新兵入伍后发生了几起新兵自杀事件和女兵遭受性侵犯的事件，导致英国一些公众对军队丧失信心。

不可或缺的士兵训练

士兵训练在一个国家是非常重要的，新兵经过训练可以增强身体素质和心理素质，成为一个合格的战斗员；而老兵经过不断的训练可以增加自己的战斗经验，加强自己在战场上的适应能力。

现代科学技术不断进步，军队的武器装备不断更新，士兵训练将有新的发展。通过训练基地训练士兵的模式将逐步被各国采用，训练中更加重视科学文化知识、专业理论知识教育和实际操作训练，广泛使用模拟器材，加强体能训练和心理素质的训练，以适应现代战争的要求。

↓特警训练

情报人员——刺探敌情的尖兵

情报的最初含义是指那些时间性很强的消息传递，即把情报视为一种活动，如军事、谍报工作。随着科学技术的发展，情报概念的内涵也随之发生变化，对其功能也有新的要求。

什么是情报

情报是指为了解决一个特定的问题所需要的一种被激活了、活化了的特殊知识或信息。情报的特点一是知识，二是及时性和针对性。

并不是所有的知识、信息和资料都是情报，情报的搜集工作包括三个步骤：一是把有关的知识和信息收集起来；二是建立信息库，建立检索系统，以便于使用；三是把这些知识和信息激活、活化了以后，变成情报，也就是情报分析。

信息是宇宙间的一切运动状态及其报道，宇宙间时时刻刻都在产生着信息，人们就是根据这些信息了解新的事物。情报是人们为解决特定问题而被活化了的更为高级、更为实用的知识。

情报人员的作用

随着情报人员的增多，情报工作呈现出了许多新的特点，其中依据来源的不同，可将情报分为情报技术与情报人员。情报技术是指使用技术设备进行的侦察。如光学侦察、声学侦察和电子侦察等。情报人员亦称为人力侦察情报，依靠人的活动获取情报，包括间谍情报、武官情报和部队侦察情报。

情报人员的重要性就是能够对敌方的决策做出准确判断，能够通过敌方的行动来分析敌方的思想。情报人员在了解对方的意图、内心想法和计划上，有着独特的作用，因此情报人员是每个国家都必不可少的工作人员。

情报人员的重要性在军事上显得尤其突出。内战期间，西安情报处的工作人员在军事情报工作中，作出了卓越的贡献。邯郸战役是在蒋介石发动全面内战以前发生的，在战役发生的前两个多星期，当国民党军队出动后，西安情报处的情报人员就向中央发出了"酉江电"，及时地向中央报告了国民党军的数量、进攻路线、进攻时间，为我军取得战争的胜利，争取了主动。

钟松贪功冒进，陷入彭总设下的包围圈，大部分被歼。这就是历史上著名的沙家店战役。在这一场战役中情报人员起到了至关重要的作用，为我军反败为胜作出了杰出的贡献。

因此说，有效情报在军事战争中有着举足轻重的作用，有时甚至决定着一场战争的成败。从历史的战争来看，情报的失误会让领导层作出错误的决策，最终导致失败，而准确的情报可以准确摸清敌方的意图，进而由此作出正确的应对决策，由此可见情报对军事战争的重要性。

至关重要的一次情报

1947年8月10日夜，夜深人静，新四军打入胡宗南总部的情报员吴宗鲁送来紧急情报："我军攻榆林，榆林向蒋介石告急。蒋闻讯大为震惊，于8月7日亲自飞抵西安，命令胡宗南率部北上，并命整编36师师长钟松率该师123、165旅轻装组成快速兵团，沿咸榆公路增援榆林。"

情报处立即将此电告知中央。而钟松到达榆林后，自以为援榆有功，误认为我军闻讯逃跑，掉头南下追击我军。我军佯作东渡黄河，

↓国民党情报部门的手册

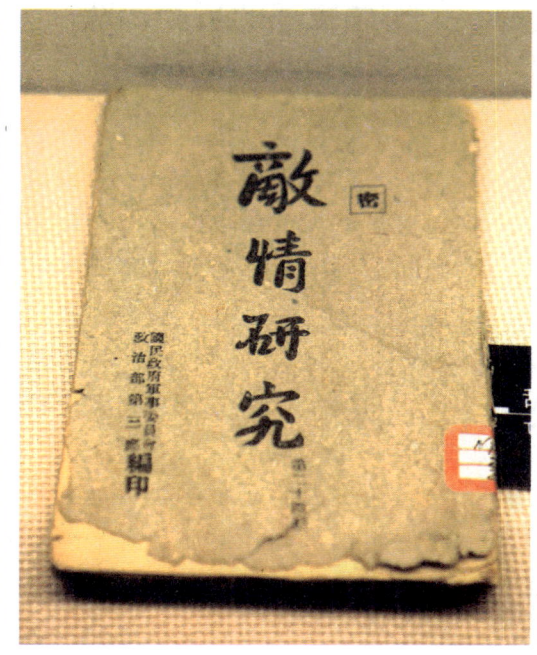

后勤补给——生活保障部长

后勤，是后方勤务的简称。它源于军队，是一个军事概念和军事术语。现代汉语词典中述："指后方对前方的一切供应工作。也指机关、团体等的行政事务性工作。"

至关重要的后勤部队

自从出现"后勤"一词后，后勤的定义至今仍在争论不休，鉴于后勤理论研究的历史、现状和深入发展的需要，本着逻辑原则和人们的习惯给军事意义上的后勤下了一个定义：后勤是通过筹划和运用人力、物力、财力从物质和技术方面保障军事需要的工作和组织。

在过去的战争年代，后勤系统的组织机构和隶属关系的变化是最多最快的一个系统。新中国成立后，我军的后勤系统的组织机构也曾经历过多次变动，使后勤部队成为隶属于作战指挥部队的独立机构。

历史上对于后勤的理解至少包括以下几个部分：一是人员、物资、设施，构成后勤工作的本体；二是补给、运输、维修、其他勤务，构成后勤工作的职能表现；三是组织、计划、协调、执行、监督，构成后勤工作的过程。

由于各个国家和国家集团所处的情况不同，通常使用不同的术语表达，其内涵和外延不尽相同，因而对后勤工作的范围和机构设置、指挥的对象与隶属关系也不尽相同。我军的后勤部门，主要包括后勤组织指挥和财务、军械、军需、军交、车船、油料、卫生、营房、物资等专业勤务部门。

作战与后勤的一体化

作战与后勤日益融合是现代高

技术战争十分突出的一个特点，现代战争已经越来越表现为后勤的战争。根据美军的统计，1991年海湾战争中，伤亡最大的不是一线战斗员，而是为他们提供食品、燃料、饮用水和弹药补给的后勤人员，后勤不再是后方的行动。

后勤制胜已成为一个代名词。驻欧美军总司令在海湾战争结束后也曾经指出，作战与后勤的一体化，是美军在海湾战争中取胜的一个重要条件。

海湾战争"沙漠风暴"军事行动42天，而将近半年的时间是"沙漠盾牌"后勤行动。美国对阿富汗、伊拉克进行打击，虽然少不了国内政治、国际政治、经济、社会以及舆论上的准备，但这些准备工作的完成，却都直接服务于最关键的准备工作——军事准备。而军事准备的主要内容是美国军队的战备情况，部队的部署和运输，后勤部队的集结和运输，后备役人员的征召、动员和部署，战前训练的完成状况，战备物资的保障情况——包括燃料、弹药等物资的到位情况等，这其中很大一部分仍然是后勤准备。所以美军强调，在一定意义上作战是后勤，后勤也是作战，这是有其深刻含义的。

知识链接

后勤管理的基本职能：一是为职能工作提供了物质保障；二是可以提高对人、财、物的利用率；三是可以体现组织对职工的关怀；四是可以促进单位的精神文明建设；五是可以稳定职工队伍和生活秩序。

↓直升机后勤支持

通信人员——保障信息畅通

通信兵是军队中担负军事通信任务的专业兵种。主要任务是组织运用各种通信手段,保障军队通信联络畅通;进行无线电通信干扰和反干扰;组织实施海区观通、航空兵导航勤务和野战军邮勤务。通信兵对保障军队指挥和完成各项任务具有重大的作用。

随着战争出现的通信兵

通信兵是随着战争的出现,为适应军队作战指挥的需要而逐渐成为军队的一个组成部分。在中国古代战争中,指挥军队主要是利用烟、火、鼓声、快马等以接力的方式进行远距离通信。随着电信工业的发展,军队中逐渐有了电信装备,组建了通信分队。

通信兵是担负军事通信任务的专业兵种。通常包括通信、通信工程、无线电通信对抗、航空兵导航和军邮等专业部队、分队。通信兵装备复杂,具有通信联络手段多、技术性强、专业性强、保密性强、时效性强等特点。其主要任务是保障军队指挥和武器控制的通信联络,组织实施无线电通信对抗、航空兵导航和野战军邮等。

高科技的通信设施

世界上许多国家的军队中都编有通信兵。俄国军队于1851年组建电报连,1899年组建无线电通信队。美国在1863年组建通信兵。英国军队的通信兵部队原属工程兵建制,于1920年从工程兵中分离出来,成为独立的兵种。法国在20世纪中叶组建通信兵。

随着现代武器装备和通信技术的发展,许多国家的军队正在广泛采用先进的技术设备,利用通信网络把作战指挥、武器控制、情报处理、后勤保障紧密连接起来,构成军队自动化通信系统，同时进一步改善领导管理体制，建设具有高度专业素养、先进技术水平和科学管理能力的通信部队、分队，以完成各种情况下的军事通信任务。

现在世界各国军队都非常重视通信兵建设，在各军种、兵种中都编有通信兵。各国陆军的军以上部队中通常编有通信团或旅，步兵师、团、营、连中通常编有通信营、连、排、班，并且在军、师、团各级司令部中设有通信业务部门。

通信兵对保障军队指挥和完成各项任务具有重大的作用。

扩展阅读

反映我国早期通信兵的电影《永不消逝的电波》可谓家喻户晓；影片根据革命烈士李白的事迹改编，是一部反映我党地下工作题材的优秀电影。影片将惊心动魄的革命斗争，融于普通平常的家庭生活中，着力塑造李侠这一乐观坚毅、临危不惧、勇于奉献的共产党员形象。

影片还展现了一些我党在从事地下通信工作时所采用的方式方法，如在蛋糕里夹电报底稿、在火柴盒里藏电报密码等等，令观众大开眼界。

↓输电塔

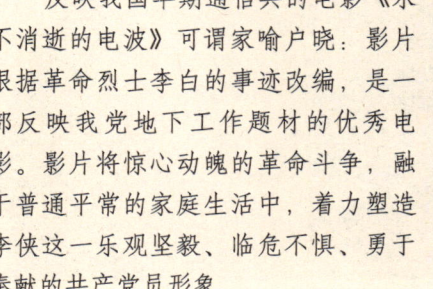

图说经典百科

第三章
战争大盘点

一场战争的打响不仅仅是靠人的力量,也是对抗双方利用先进高科技的武器而进行的一场大较量,从小规模、局部地区的战斗,到遍及全球性的世界大战,从简简单单的小规模战争,到今天形形色色、愈演愈烈的大的战事,战争大盘点无疑向你展示了近代战争发展演变的趋势。从一般原始型的战争到高科技、新武器的战争的巨大演变,向大家再一次说明了社会时代的快速发展。

第一次世界大战——破坏性较大的一次战争

世界大战，是对立的国家集团之间进行的全球性战争，是帝国主义的产物。它是进入帝国主义时代以来出现的一种特殊的社会现象。在帝国主义时代初期爆发的第一次世界大战，是一场主要发生在欧洲但却波及全世界的世界大战。

这场战争使得当时世界上大多数国家都卷入其中，它是欧洲历史上破坏性最强的战争之一。

1914年爆发的战争

第一次世界大战发生在1914—1918年，它是帝国主义国家两大集团为重新瓜分世界、争夺势力范围和霸权而进行的首次世界规模的战争。它是一场非正义的、帝国主义争霸性质的掠夺战争，是资本主义世界经济体系面临危机的产物，也是资本主义国家进入帝国主义阶段后发展不平衡的结果。

普法战争的爆发

这次大战爆发的背景是普法战争的爆发，这是一场发生在1870—1871年普鲁士与法国之间的战争，战争原因是普鲁士想统一德国并且占有欧洲大陆霸权。

这场战争最终以法国大败、普鲁士建立德意志帝国而告终。此次停战的和约极其苛刻，规定法国向德国割让阿尔萨斯和洛林，并赔款50亿法郎。因此德法两国结下很深的仇怨，成为第一次世界大战的诱因。

1879年德国、奥匈帝国、意大利形成了一个侵略性的军事政治集团，称"三国同盟"，即同盟国。俄、法、英国随后在1891—1893年形成了协约国。这样，同盟国和协约国两大军事集团就为重新瓜分世界、争夺殖民地而展开了激

↑ 第一次世界大战

烈的斗争。

引发战争的导火线

1914年6月28日，奥匈帝国皇储斐迪南大公这个竭力想吞并塞尔维亚的军国主义分子，偕同妻子到波斯尼亚检阅军事演习，在萨拉热窝遭到塞尔维亚民族主义者的暗杀。这次事件成了战争的导火线。

1914年7月23日，奥匈帝国向塞尔维亚发出最后通牒，包括拘捕凶手、镇压反奥活动和罢免反奥官员等，其后，奥匈帝国依然变本加厉。战争已不可避免。

战争的打响

1914年7月28日，奥匈帝国对塞尔维亚宣战。把塞尔维亚视为争霸前哨的俄国于7月30日宣布总动员。8月1日、8月3日，德国分别向俄、法宣战，因为比利时拒绝接受德军通过本国领土的最后通牒，德国同时向比利时宣战。英国曾要求德国维护比利时的中立，遭拒绝后于8月4日对德宣战。第一次世界大战就这样打了起来。前后卷入战争的有6大洲的33个国家，大战期间大约有7000万人被动员参军。

1918年，协约国发动总攻，同盟国土崩瓦解。7至9月，西线的英法军接连拔除了德军防线上的三个突出部。9月26日，协约国发动总攻。至11月，同盟国中的土、保、奥、匈先后投降。11月11日，德国也被迫投降。历时四年又三个月的第一次世界大战遂以协约国的胜利而告终。

大战给世界人民带来了深重的灾难。战争期间，被击毙和因伤致死的总计达850多万人，负伤的有2000多万人。交战双方直接战费约为1863亿余美元。

这次大战中，马恩河战役、凡尔登战役、索姆河战役等是一些具有深刻影响的战役。

第二次世界大战——世界再次遭受重挫

第二次世界大战是迄今为止，人类社会所进行的规模最大、伤亡最惨重、造成破坏最大的全球性战争。1939年9月1日—1945年9月2日，以德国、意大利、日本法西斯轴心国（及芬兰、匈牙利、罗马尼亚等国）为一方，以反法西斯同盟和全世界反法西斯力量为另一方进行的第二次全球规模的战争。

一次超大规模的战争

战争最高峰时期，全球有60%的国家参战，战火遍及亚洲、欧洲、美洲、非洲及大洋洲五大洲。交战双方同时也在太平洋、大西洋、印度洋及北冰洋四大洋展开战斗。二战的交战双方是以美国、苏联、中国、英国、法国等国组成的反法西斯同盟与以德国、日本、意大利等国组成的法西斯轴心国集团。第二次世界大战最后以美国、苏联、中国、英国等反法西斯国家和世界人民战胜法西斯侵略者赢得世界和平与进步而告终。

大战从1939年9月1日德国入侵波兰开始，到1945年9月2日日本向盟国投降而告结束。

在这场血腥的战争中，无辜平民的伤亡是历史上最惨重的，其中包括纳粹德国针对犹太人和其他东欧人种的大屠杀、日本对无数中国与朝鲜平民的屠杀，以及战争末期盟军针对德国与日本境内民用目标的轰炸。第二次世界大战总共导致了9000万人的死亡，超过历史上任何一次战争。

导致这场战争的根本原因

第二次世界大战的爆发并不是偶然的，它是世界资本主义国家发展到一定程度必然出现的现象，这是恩格斯曾经预料到的。二战的爆

发主要有两个原因。

1929年10月24日,美国纽约华尔街证券交易所出现抛售股票的狂潮,随之而来的是股票市场的崩溃和银行的挤兑风潮,美国经济陷入绝境,资本主义发展史上最严重的一次世界性经济大危机就这样在美国开始爆发了。它极大地限制了美国经济的发展,大危机从美国迅速波及整个资本主义世界,给整个资本主义世界经济造成严重的破坏。

再一个就是一战期间帝国主义之间的矛盾并未彻底解决,德国、意大利、日本等国的发展致使矛盾加剧,也促使了二战的爆发。

二战中的大事记

二战中发生了许多大事,其中还包括原子弹等先进武器的投入使用。1931年9月18日,日本人在东北发动九一八事变,中国人民奋起反抗。1937年7月7日,七七事变发生,开辟了世界上第一个反法西斯战场。1939年9月1日,德国进攻

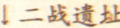
↓二战遗址

波兰，第二次世界大战正式爆发，波兰在一个月内被德军占领。9月3日，英国和法国对德国宣战。

1945年2月，美国、英国、苏联三国首脑在苏联雅尔塔召开会议，会议决定打败德国后，要对德国进行军事占领，彻底消灭德国的法西斯主义，同时，还决定成立联合国。1945年4月25日，美国军队解放意大利（这一天是意大利的解放日）。同年5月8日，德国无条件投降。

8月6日，美国投掷代号"小男孩"的原子弹轰炸日本广岛，9日，美国又投掷一颗代号为"胖子"的原子弹轰炸日本长崎，日本深受重创，于8月15日宣布无条件投降。9月2日，日本政府代表在美国战舰"密苏里号"的甲板上签署无条件投降书，二战结束。

二战中几次著名的战役

在这次轰轰烈烈的世界大战期间，爆发了几场著名的战役，如不列颠之战、偷袭珍珠港、中途岛之战、斯大林格勒保卫战、诺曼底登陆战等战役。

其中主要战场有中国抗日战场、东线苏德战场、大西洋战场、意大利战场、欧洲西线战场、太平洋战场等。

二战带给人类的是毁灭性的伤害，也正是由于这次世界大战的惨烈，为了维护国际和平与安全，中、英、美、苏、法为首的同盟国在1945年10月24日发起成立了联合国，中、美、苏、英、法则成了安理会常任理事国。

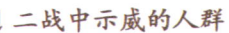

知识链接

同盟国又称反法西斯同盟，是第二次世界大战时期建立的国家联盟。参与该联盟的国家主要有美国、英国、法国、苏联、中国、加拿大、朝鲜、澳大利亚、埃塞俄比亚等数十个国家。同盟国集团最终打败了轴心国集团，取得了胜利。

↓二战中示威的人群

反恐战争——头戴反恐面具的战斗

反恐战争是美国及其盟友用来称呼一场进行中的,以"消灭国际恐怖主义"为目标的全球性战争,起因于"9·11事件"。

战争的现阶段目标包括阻止那些被美国认定为"恐怖组织"的团体对美国及其盟国发动恐怖袭击;传播"自由与民主";终结那些支持恐怖主义的所谓"流氓国家"与"失败国家"的现有政权。包括多种手段,如外交手段、经济制裁、加强国土安全及与其他国家开展安全合作等。

反恐战争中的首次军事行动是北约在2001年10月进行的代号为"积极奋进"的海军演习,旨在阻止恐怖分子获得大规模杀伤性武器。紧接着是推翻为奥萨玛·本·拉登提供庇护的塔利班政权的阿富汗战争。

阿富汗战争

2001年阿富汗战争是以美国为首的联军在2001年10月7日起对阿富汗盖达组织和塔利班的一场战争,为美国对"9·11事件"的报复,同时也标志着反恐战争的开始。联军官方称这场战争的目的是逮捕本·拉登等盖达成员并惩罚塔利班对恐怖分子的支援。本·拉登已于2011年5月1日被美军击毙。

2009年12月1日,新就任的美国总统巴拉克·奥巴马宣布在6个月内向阿富汗增兵3万,并于2011年7月开始逐步从阿富汗战场撤出,将于2014年12月31日前完全撤出。到2010年为止,在阿富汗驻军人数最多的国家依序是,10万美军、1万英军、4300德军和3750法军。

伊拉克战争

伊拉克战争是以美国军队和英国军队为主的联合部队正式宣布对伊拉克开战开始的。澳大利亚军队和波兰军队也参与了此次联合军事行动。美国等国家对伊拉克开战的主要理由是萨达姆政权拥有大规模杀伤性武器以及伊拉克政府践踏人权的行径。

根据当时美国国防部长拉姆斯菲尔德的说法，美国通过这场战争最终要达成的目的包括：铲除萨达姆政权；帮助伊拉克人民建立一个自治的政府；搜寻并销毁藏匿在伊拉克境内的大规模杀伤性武器以及恐怖分子；结束制裁，并提供人道主义援助，保护伊拉克的石油以及其他天然资源。

海盗战争

海盗，或称为海贼，意指专门在海上或沿岸抢劫其他船只的犯罪者，是一门相当古老的犯罪行业。所谓海盗战争就是为打击海盗而发动的战争。

自有船只航行以来，就有海盗的存在。特别是航海发达的16世纪之后，只要是商业发达的沿海地带，就有海盗出没。

悠久的海盗历史

海盗的历史可谓源远流长，可以说有了海船也就有了海盗。最早的海盗记录出现在公元前1350年。随着工业时代的来临，各国海军实力大大加强，海岸巡逻更严密，海盗们再也没有了往日的辉煌，从18世纪末到19世纪初的相当长一段时间里几乎销声匿迹。

然而，海盗并未从此绝迹。1981年夏天，一艘"幽灵船"在巴哈马群岛附近被发现，它挂着满帆航行，不回答任何信号，侧舷上布满弹洞，甲板上到处是血迹。经查，这艘叫"卡利亚3号"的帆船，两天前曾发出求救电报，说受到四艘无标志快艇的攻击。这一切显示着：海盗们死灰复燃了。同时，更快的船、更具威力的武器都使海盗们变成了更难对付和更有危害性的暴徒。

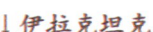
↓伊拉克坦克

生物武器战争——令人恐怖的致命危害

生物武器是以生物战剂杀伤敌方有生力量、毁坏动植物的各种武器和器材的总称,由生物战剂、生物弹药及运载系统等组成。用生物武器作战,并不是现代发达国家的专利。人类在战争中使用生物武器的历史可以追溯到远古时代。

公元前600年,亚述人用黑麦麦角菌来污染敌人的水源;1346年蒙古人围攻里海港口卡法,利用弹射机将死于传染病的士兵的尸体抛进卡法城内,传播瘟疫;古雅典政治家和战略家梭伦在围城时用臭菘给敌人的水源下毒;第一次世界大战时,俄国反间谍机关曾在彼得堡捕获一名带有鼠疫杆菌培养物的德国间谍;第二次世界大战时,日本曾大量培植炭疽菌,并以活人做实验等。

生物武器的三大特点

生物武器被越来越多的恐怖主义分子应用来对付其他国家。那么生物武器有什么特点呢?它是一种大规模杀伤性武器,与常规武器相比有其不一样的许多特点。

第一,致病力强,传染性大。作战时使用的多数是烈性传染性致病微生物,少量即可使人得病。在缺乏防护、人员密集、卫生条件差的情况下,很容易传播,引起传染病流行。

第二,有潜伏期,潜伏期最短的至少也有3—6小时,一般是3—4天,一般潜伏期的症状不明显,难以及时发现。

第三,污染面积大,危害时间长。像直接喷洒的生物气溶胶,可随着风散发到很远的地方,杀伤范围达数百至数千平方千米。在适当条件下,有些生物战剂存活的时间很长,不易被发现。

第四,传染途径多。生物战剂可通过多种途径使人感染发病,如从口食入、经呼吸道吸入、昆虫叮咬、污染伤口、接触皮肤、黏膜感染等。

随着科学技术的发展，又发展出了一些更精确、更有针对性、更具杀伤力的新型生物武器，如基因武器、纳米生物武器。下面我们来了解一下基因武器。

新型生物武器——基因武器

军事领域的基因工程是一种种族灭绝的武器。因为人的任何形态都反映了他的基因，因此用基因武器杀人，可以达到灭绝种族的目的。比如说，用基因武器可以只杀红褐色头发的人，也可以只杀矮个子或高个子、蓝眼睛或黑眼睛的人。

在前南非种族隔离政府统治时期，南非军方曾致力于研制一种专门针对黑人的生物制剂。他们对如何使有色人种的妇女绝育特别感兴趣。这种基因武器可以影响人口出生率、婴儿死亡率、发病率甚至农作物的产量。通常在受到这种生物武器袭击数十年后，它的后果方才显现出来，其伤亡十分惨重。

↓生物武器

化学武器战争——无声的杀手

所谓化学战争就是将化学武器用于战争之中。化学战是使用化学武器杀伤人畜，毁坏作物、森林的作战。它通过毒剂的多种中毒途径及在一定的染毒空间和毒害时间内所产生的战斗效应，杀伤、疲惫和迟滞对方军队，以达到预定的军事目的。

备受关注的化学战

化学战受气候、地形的影响较大。它只对缺少防护装备、防护组织不健全、措施不严密、训练素质差的军队产生重大杀伤作用，是利用化学战剂来大量杀伤敌方军民的一种近代作战样式。

化学战，又称毒气战，最早使用化学战剂杀伤人畜，毁坏作物、森林出现在一战。但是早在古代，就有类似的化学战争。

公元前5世纪的伯罗奔尼撒战争中，斯巴达人曾使用硫黄燃烧产生有毒的烟，使对方人员窒息。公元7世纪，拜占庭帝国军队将沥青和硫黄等易燃物放在金属罐中，点燃后投向伊斯兰教军队的阵地。19世纪中叶，有人将人工合成的有毒物质装填在弹丸内小量使用。到19世纪末，欧洲一些国家已能工业化生产剧毒物质，使毒物大量用于战争成为可能，引起社会舆论的关注。

日军的必备装备——毒气

毒气是日本的必备装备，瓦斯部队是侵华日军的常设兵种。在与中国的战役中，据不完全统计，侵华日军先后在17个省、市的77个县、区，使用毒气武器数千次，其毒气种类有芥子气、二苯氯砷和光气等糜烂性、刺激性、窒息性毒剂。

日本发动全面侵华战争后，向各部队派遣了"野战瓦斯队"等化学战部队，在上海、南京、忻口、武汉等战役中都大肆施放毒气，并且将受到毒气伤害而丧失战斗力的中国士兵就地刺杀。日军在战略相持阶段的历次重大战役中，尤其是在受到中国军队围攻时，更加野蛮地进行毒气战。

战争中惨死于毒气的中国人

1939年日军在南昌战役期间强渡修水河，向中国军队发射毒气弹3000余发，使用毒气筒15000余个，致使中国两个军丧失战斗力；同年，日军攻击冀中齐会村八路军120师师部，发射毒气弹，致使120师师长贺龙等八路军官兵500多人中毒。

1940年百团大战中，日军施放毒气20余次，致使陈赓等2万余名八路军官兵中毒；1941年，宜昌日军遭到中国军队的围攻后，为了摆脱困境，向中国军队空投了300余发毒气炸弹，发射2500余发毒气弹，致使中国军队1600余人中毒，其中600余人死亡。

日军在浙赣战役、常德战役、长衡战役等战役中，都频繁使用毒气，残忍地毒害中国人民。最让人愤怒的是日军在对抗日游击区和抗日根据地进行"扫荡"过程中，对平民也大肆使用毒气。

饱受日军毒气残害的中国平民

1940年2月，日军炮兵向山西翼城县仪门村发射毒气弹，致使村民500余人中毒；1942年5月，日军在河北定县北疃村"扫荡"时，对钻进地道的民众施放毒气，使800多人中毒死亡。

日军还残忍地用毒气集体屠杀中国平民。1939年2月，在河北蠡县车里营等5个村庄，日军将80名壮年男子驱赶进3间房子，然后施放毒气，将他们全部杀死；1941年9月，日军在河北宛平杜家庄，以举行运动会为名，将村民和学生500余人集中起来，施放毒气筒，使其全部中毒；1942年7月，在河北平乡南侯伶村，日军又以召开村民大会为名，将村民集中起来，施放毒气筒，使其全部中毒。

↓毒气

核武器战争——具有时代意义的高科技战争

面对飞速发展的信息时代，人们不会忘记第二次世界大战日本20余万平民丧生的悲剧，更不会忘记在今天的地球上，核武器仍威胁着我们！自从洛斯阿拉莫斯沙漠中发出那声惊天动地的巨响以来，核武器就以令人吃惊的速度迅速发展着。

面对核武器的威胁，我们有必要更多地了解核武器，认识核武器。

什么是核武器

在核裂变或核聚变反应里，参与反应的原子核都转变成其他原子核，原子也发生了变化。因此，人们习惯上称这类武器为原子武器。但实质上是原子核的反应与转变，所以称核武器更为确切。

核武器爆炸时释放的能量，比只装化学炸药的常规武器要大得多，核武器爆炸释放的总能量，即其威力的大小，常用释放相同能量的TNT炸药量来表示，称为TNT当量。目前已有微型核武器。

核武器爆炸，不仅释放的能量巨大，而且核反应过程非常迅速，微秒级的时间内即可完成。核武器具备特有的强冲击波、光辐射、早期核辐射、放射性沾染和核电磁脉冲等杀伤破坏作用。核武器的出现，对现代战争的战略战术产生了重大的影响。

核武器系统，一般由核战斗部、投射工具和指挥控制系统等部分构成，核战斗部是其主要构成部分。核战斗部亦称核弹头，常与核装置、核武器这两个名称相互替代使用。实际上，核装置是指核装料、其他材料、起爆炸药与雷管等组合成的整体，可用于核试验。核武器则指包括核战斗部在内的整个核武器系统。

核武器第一次在战争中的使用

核武器最早用于战争是在1945年，日本的广岛和长崎遭到原子弹的轰炸。

1945年，第二次世界大战已接近尾声。7月26日，美国、英国和中国三国发表"波茨坦宣言"，敦促日本迅速无条件投降，但日本政府置之不理。

为了迫使日本迅速投降，1945年8月6日清晨，美军一架B-29轰炸机飞临日本广岛市区上空。8时15分，轰炸机投下一颗代号为"小男孩"的原子弹，在距地面580米的空中爆炸。在巨大冲击波的作用下，广岛市的建筑全部倒塌，全市34.3万人口中有78150人当场死亡。

接着8月9日上午，美军又用B-29轰炸机将第二颗原子弹"胖子"投在长崎市。爆炸使长崎市23万人口中有10万余人当场死伤和失踪，城市60%—70%的建筑物被毁。8月15日，日本宣布无条件投降，9月2日签署投降书。第二次世界大战至此结束。

原子弹的超强危害

广岛和长崎分别遭到了原子弹的轰炸。刹那间，整座城市变成一片废墟。几十万人失去了生命，还有无数人一生都将忍受原子弹爆炸后遗症带来的无尽的痛苦。这是人类战争史中第一次，也是唯一一次使用原子弹。

美国总统杜鲁门曾说道："我们向日本广岛的一个军事基地投掷了第一颗原子弹。使用核武器的目的在于尽早结束战争，拯救数千美国年轻人的生命，我们不会放弃使用原子弹的权利，直到我们彻底粉碎了战争狂——日本的军事能力。"

这是美国总统杜鲁门在向广岛和长崎投掷原子弹数小时之后发表的讲话。直到今天，许多战争老兵依旧认为，在人类历史上首次使用原子弹是结束战争的唯一出路，除此之外没有其他的选择。

原子弹曾以一声巨响干脆地结束了第二次世界大战，它同时促使人们进行全新的思索，自有人类文明史以来一直沿用的解决争端的办法已不能再继续下去。这是一个严峻的考验，在一颗拥挤的脆弱的星球上，如果试图毁灭别人，也必将毁灭自己。

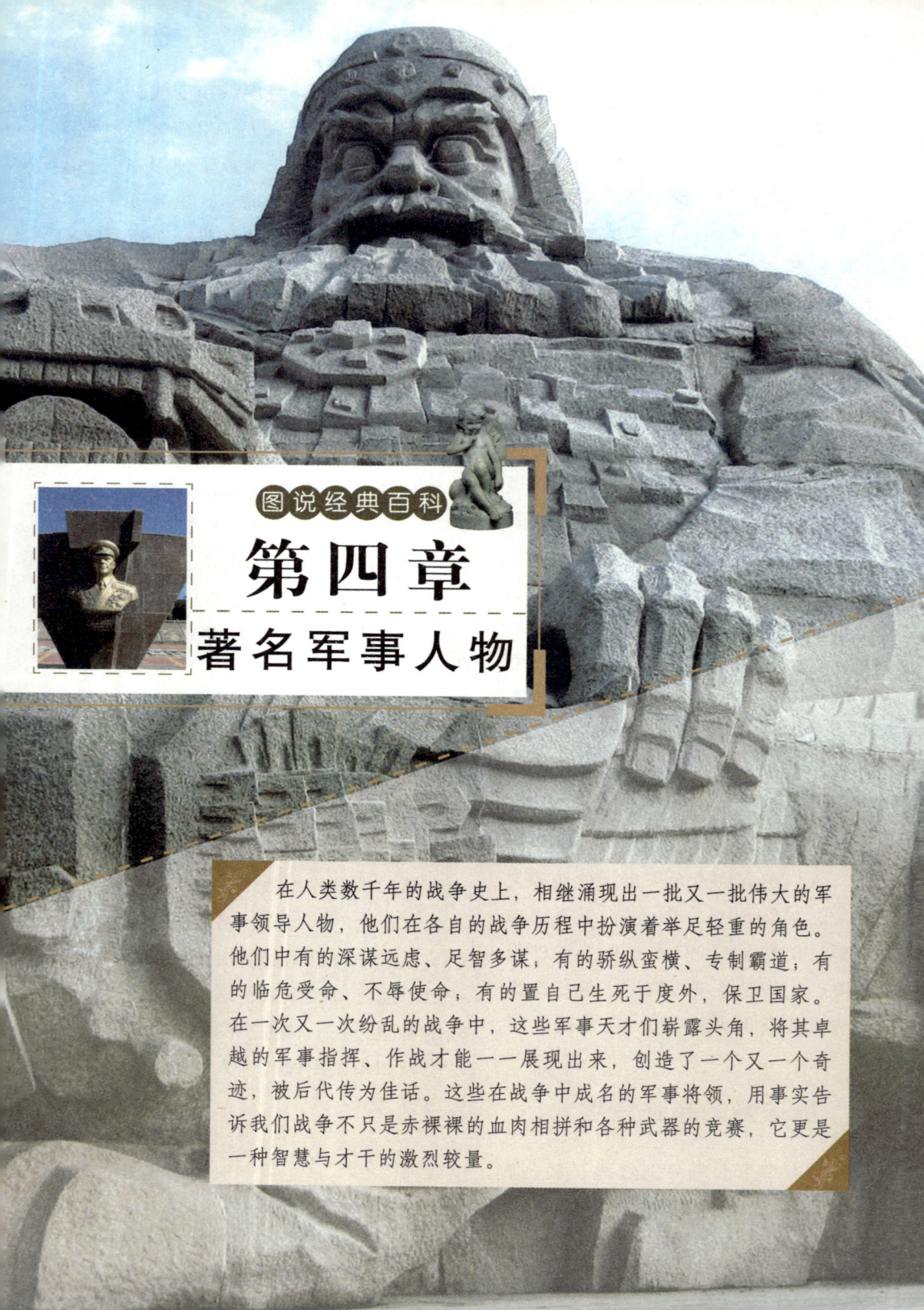

图说经典百科

第四章
著名军事人物

在人类数千年的战争史上,相继涌现出一批又一批伟大的军事领导人物,他们在各自的战争历程中扮演着举足轻重的角色。他们中有的深谋远虑、足智多谋,有的骄纵蛮横、专制霸道;有的临危受命、不辱使命,有的置自己生死于度外,保卫国家。在一次又一次纷乱的战争中,这些军事天才们崭露头角,将其卓越的军事指挥、作战才能一一展现出来,创造了一个又一个奇迹,被后代传为佳话。这些在战争中成名的军事将领,用事实告诉我们战争不只是赤裸裸的血肉相拼和各种武器的竞赛,它更是一种智慧与才干的激烈较量。

战国英雄——孙膑

孙膑原名孙伯灵,是孙武的后裔,中国战国时期著名的军事家。孙膑出生于战国时期的齐国阿鄄之间,年轻时曾向鬼谷子学习过兵法,一同学习的还有庞涓。学习过程中,其优秀的才华被庞涓所嫉妒,其后遭到庞涓迫害,被处以膑刑,孙膑一名也由此而来。随后,具有卓越才能的孙膑受到齐国重用,率领齐军多次打败庞涓的魏军。孙膑在军事理论上取得了显著成就,其和弟子所著的《孙膑兵法》是军事理论上的一大成就,推动了军事理论的发展。

早期经历的坎坷

出生于战国时期的孙膑,很小的时候便看到了战火纷乱的场面,目睹了人们过着水深火热的生活。于是,他立志长大之后要投身于戎马生涯,希望用自己的力量为人民创造一个和平安宁的社会环境。后来孙膑和魏国的庞涓一起拜鬼谷子为师,向其学习兵法。

庞涓学成之后在魏国当上了将军,因为学识不如孙膑,他很害怕孙膑的名声会超过自己,而取代自己的位置。于是,庞涓使用奸计派人把孙膑骗到魏国,对孙膑进行栽赃陷害,害得孙膑被处以膑刑并被软禁起来。后来孙膑被齐国使臣救到齐国,经齐国大将田忌的引荐,受到齐威王启用,任以将军一职。

孙膑的军事战争观

孙膑在军事方面有自己独特的见解和思想。他在《威王问》中阐述了"战争是政治斗争工具"的战争观。他指出战争是先王传布"道",即政治的工具,用战争的手段可以为社会创造和平的生活环境。

他还指出经济是战争的基础,只要有充足的物质准备,小城照样

↑ 孙膑雕像

能巩固坚守。同时，孙膑还提出了因势而利导之的作战原则，发展了孙武"任势"的军事理论。

另外，孙膑还提出了人在战争中的重要作用。中国的人文思想源于春秋，战国时形成了一股强大的思潮，在人不被重视的专制时代，孙膑能指出人在战争中的重要性，无疑是一种进步的表现。

其次，孙膑在军事学上的另一重要贡献，就是丰富和发展了春秋以来的阵法。他还在一系列战略战术上提出了不少有价值的指导原则等。

孙膑的这些思想是战国时期战争实践的理论总结，继承了前辈军事家历来的优秀成果，又对这些伟大的成果进行了发挥创造，在我国的军事思想史上占有重要地位。

后期的扬名与归隐

公元前353年，在桂陵一战中，孙膑采取"围魏救赵"的战略，与田忌一起指挥齐军大败魏军，取得胜利。11年后，齐威王采用孙膑的建议，与魏国再度进行交战，两国都打到疲惫的时候，派出田忌和孙膑前去救援。

因对魏国作战熟悉，于是这次孙膑又采用"围魏救赵"的战略，最终，获得全胜，解了韩国之危。之后孙膑又采用逐日减灶之计引诱敌人深入，在马陵大败庞涓率领的魏军。

然而，马陵之战后，田忌却遭到权贵陷害，便只好与孙膑一起流亡楚国。之后，孙膑在楚国辞官隐退，归隐后潜心于军事理论的研究。

西楚霸王——项羽

古往今来，说起项羽，人们总会竖起大拇指。项羽，是中国古代杰出军事家及著名政治人物，也是中国军事思想"勇战"派代表人物。秦末，项羽带领江东子弟起兵反秦，秦灭亡后自立为西楚霸王。项羽的勇武古今无双，古人对此有"羽之神勇，千古无二"的高度评价，他是中华数千年历史上最为勇猛的将领，"霸王"一词，历来专指项羽。

少年出英雄

项羽出身于军事世家，祖辈世代为楚将。公元前224年，秦将王翦大破楚军，杀死名将项燕，一举踏平楚国。随后，项氏家族逐渐衰落。项羽追随叔父项梁流亡到吴县，由其叔父抚养长大。

项羽年少时，叔父项梁曾教他读书，但项羽不爱学习，学了没多久就厌倦了。之后项梁又教他武艺，但又没过多久就不学了。虽然不喜学文学武，但年轻时的项羽志向却极其远大。

公元前210年，在秦始皇巡游途中，项羽随叔父在人群中观看。见其车马仪仗威风凛凛，项羽便对项梁说："叔父，我可以取代他。"

秦二世元年，陈胜、吴广在大泽乡揭竿而起，发动农民起义。项羽和叔父项梁伺机而动，在吴中刺杀太守殷通举兵响应。此战役中项羽独自斩杀殷通的卫兵近百人，第一次展现了他无双的武艺！年仅24岁的项羽就此横空出世，率领反秦义军开始登上了历史舞台。

天才之作——巨鹿之战

巨鹿之战，是秦末农民大起义中，由项羽率领的5万楚军同秦将章邯、王离所率领的40余万秦军主力在巨鹿进行的一场重大决战性战

役。两军力量悬殊，是中国历史上著名的一次以少胜多的战役。

公元前207年，秦军大将章邯率领20余万秦军北上攻赵，并急调秦将王离所率领的20万秦军南下，将赵军围困在巨鹿。无奈之下赵王派使者向各国诸侯求援，但因当时秦军十分强大，无人敢去营救。项羽为报秦军杀叔父项梁之仇，主动请缨去破秦军，于是楚怀王便派宋义、项羽、范增三位将领，率军前去解巨鹿之困。

项羽先派遣2万人为先锋，渡过黄河，切断秦军运粮通道。然后，项羽率军渡过漳水，下令全军将士破釜沉舟，每人只携带三天的干粮，表现出决一死战的决心。项羽为将士们鼓舞打气，要求在三天之内打败秦军。项羽破釜沉舟的决心和勇气，极大地鼓舞了将士们的士气。结果，临战之时楚军个个奋勇杀敌，以迅雷不及掩耳之势冲向秦军阵地。经过接连九次激战，楚军最终击破秦军阵地，大败秦军主力。

这是一次力量悬殊的战役，项羽破釜沉舟，取得大胜。这场战争被评为项羽的天才之作，也确立了他在各路义军中的领导地位。

西楚霸王

秦朝灭亡后，项羽自立为西楚霸王，另又划地分封诸王，其中分刘邦为汉王。公元前205年，项羽率军攻打齐国的时候，平定了三秦的刘邦率军大举东进，乘虚攻入项羽的国都彭城。但因得意忘形、纵情享乐，刘邦最终被赶回救援的楚军重创，于是逃奔到荥阳。

但不听劝告、一意孤行的项羽却没有乘机追击，这为日后的楚汉之争埋下了伏笔，酿成了难以弥补的大错。在日后的楚汉之争中，项羽终因刚愎自用、不善用人而惨遭失败，于是在乌江选择自刎，结束了其霸气的一生。

↓项羽雕像

精忠报国——岳飞

岳飞，南宋著名军事家、伟大的抗金英雄。死后20年，宋高宗禅位，宋孝宗为他平反，追封为鄂王。被后世称为南宋"中兴四将"之首。

身披四字——精忠报国

岳飞背上刻着四个字：精忠报国，传说当初是岳飞母亲亲手刺在岳飞背上，想让他记住国家仇恨，立志报效祖国。

岳飞小的时候曾经拜周侗为师学习武艺，并且喜欢看《左氏春秋》《孙子兵法》，对这两部兵法研究非常深入，这为以后岳家军在战场上不断取得胜利打下了坚实的基础。

岳飞年轻的时候，正值金国大规模入侵宋朝之时，深受民族压迫的汉族，"仇怨金国，深入骨髓"，于是岳飞毅然投军抗金。岳飞卓越的军事才能很快便在战斗中崭露头角，成为人尽皆知的名将。

从12世纪20年代起，黄河南北、两淮之间，掀起了轰轰烈烈的抗金民族战争。岳飞和抗金名将宗泽、韩世忠等一道共同站在抗金斗争的最前线，凭借其卓越的领兵打仗能力给金兵造成了巨大损失，为百姓所称赞。

辉煌的战争业绩

靖康元年十二月，康王赵构接到宋钦宗的蜡书，就任为河北兵马大元帅。元帅府下编前、后、中、左、右五军，其中前军统制为刘浩，当时岳飞在刘浩军下听令。按宋钦宗蜡书的命令，康王元帅府的任务是火速赶往东京汴梁，解京师之围。在岳飞奉命带领300铁骑，前往侦察任务途中，岳飞的部队与金军相遇，在岳飞的指挥下宋军大败金兵。不久之后，刘浩引大部队前来，金军全线败退。

靖康二年四月，金国灭掉北宋并且掳走了宋徽宗赵佶、宋钦宗赵桓及皇家宗室。五月，赵构在南京继位，号称宋高宗，史称南宋。赵构继位初期，主张收复失地，启用了大批主战将领，其中就有岳飞。岳飞坚决反对议和，主张抗战到底，并上书建议宋高宗趁金兵收兵之时攻击金兵。

建炎元年九月，张所命岳飞加入王彦部，北上抗金。岳飞作战有勇有谋，数败金兵，声威大振。之后岳飞知道自己与刘豫有隙，所以便转为跟随宗泽抗金，并且官复原职。

绍兴年之抗金事件

绍兴九年，岳飞在鄂州得知宋金和议将达成，立即上书表示反对，并直接抨击了相国秦桧用心不良的投降活动，因此遭到了秦桧的痛恨。和议达成后，高宗赵构下令大赦，对文武大臣大加爵赏。可是，诏书下了三次，岳飞都加以拒绝，不接受爵赏和封赐。

绍兴十年，金国撕毁和议，开始大举进攻宋朝。宋朝派出韩世忠、张俊、岳飞等出师迎击。很快，宋军在东、西两线均取得对金大胜，失地相继收回。

岳飞统率的部队被称为"岳家军"，岳家军将士个个具有"守死无去"的战斗作风，再强的敌人也不能使岳家军阵容动摇。岳家军进入中原后，受到中原人民的热烈欢迎。

同年七月，岳飞亲率一支轻骑驻守河南郾城，和金军1500精骑发生激战并且获得大胜。岳飞这次北伐中原，一口气收复了颖昌、蔡州、陈州、郑州、河南府、汝州等十余座州郡，中原流失之地几乎全被岳家军所收复，并且消灭了金军有生力量，金军军心动摇，连夜从开封撤逃。

遭人陷害，含冤而死

就在抗金战争取得辉煌胜利的时刻，朝廷连下十二道金牌，急令岳飞"措置班师"。在班师和丧师的不利形势下，岳飞明知这是权臣用事的乱命，但为了保存抗金实力，还是忍痛班师，回到临安。

刚到临安的岳飞，便遭到秦桧、张俊等人的陷害。绍兴十一年，岳飞以"谋反"的罪名被关进临安大理寺。绍兴十一年，秦桧以"其事莫须有"（难道没有这样的事吗）的罪名将岳飞治罪，在临安大理寺狱中被狱卒拉肋（即猛击胸肋）而死。但是在民间的传说中，关于岳飞之死另有两种版本，分别是岳飞被"赐毒酒"而死和被吊死，时年39岁。

神算军师——诸葛亮

诸葛亮，字孔明，号卧龙（也作伏龙），蜀汉丞相，三国时期杰出的政治家、战略家、军事家，同时还是木牛流马、孔明灯的发明者。在世时，诸葛亮被封为武乡侯，谥曰忠武侯。其代表作有《出师表》《诫子书》等。诸葛亮在后世受到很大的尊崇，成都有武侯祠，大诗人杜甫也有赞扬诸葛亮的《蜀相》名篇传世。

坎坷的早年生活

诸葛亮于汉灵帝光和四年(181年)出生在琅琊郡阳都县的一个官吏之家，先祖诸葛丰曾在西汉元帝时做过司隶校尉，父亲诸葛珪在东汉末年做过泰山郡丞。诸葛亮3岁时母亲病逝，8岁丧父，之后跟随叔父诸葛玄生活，建安二年诸葛玄病逝。

诸葛亮年轻的时候，喜欢念《梁父吟》，平常又喜欢以管仲、乐毅比拟自己。当时的人对他都不屑一顾，只有徐庶、崔州平等一些好友相信他的才干，称之为"卧龙先生"。

黄承彦曾对诸葛亮说，听说你要选妻，我家里有一个丑女，头发黄、皮肤黑，但才华可与你相配。令他没想到的是，诸葛亮答应了这门亲事，并且很快迎娶了新娘。当时的人们都以此作为笑话调侃诸葛亮。

刘备之三顾茅庐

诸葛亮生平曾留下许多佳话为后世所流传，其中最有名的便是刘备对其三顾茅庐。三顾茅庐中以《隆中对》最为有名。《隆中对》原名《草庐对》，是当时诸葛亮与刘备初次会面的谈话内容。

公元207年冬至208年春，当时驻军新野的刘备在徐庶的建议下，三次到隆中拜访诸葛亮。前两次都没见到诸葛亮,第三次终于得见。《隆中对》中,诸葛亮未出茅庐便知天下事,为刘备分析了当时的形势,提出先取荆州为家,再取益州成鼎足之势,继而图取中原的战略构想。三顾茅庐之后,诸葛亮出山成为刘备的军师。

著名的赤壁之战

自刘备三顾茅庐后,诸葛亮便开始出山辅助刘备打天下。其中最有名的一场战役莫过于与东吴联合抗击曹操的赤壁之战。

公元208年,曹操出兵南下,当时的蜀国势单力薄,远没有与曹操抗衡的实力。为了抗击曹操,诸葛亮向刘备提出自己作为说客去说服东吴与蜀国联合起来抗击曹操的计划。

经诸葛亮说服,孙权决定联刘抗曹,派周瑜、程普、鲁肃等率领水军与曹操开战。11月,曹操大军在赤壁遭遇孙刘联军火攻,伤亡惨重,最后不得不退回北方。

挥泪斩马谡

建兴三年(225年)春天,诸葛亮率军南征,临行前刘禅赐诸葛亮金鈇钺一具,曲盖一个,前后羽葆鼓吹各一部,虎贲60人。诸葛亮深入不毛之地讨伐雍闿、孟获,采取参军马谡的建议,以攻心为主,先打败雍闿军,再七擒七纵孟获,至秋天平定所有乱事。

蜀汉在南中安定并获得一定兵源补充后,有了北伐的基础。

从建兴六年春开始,诸葛亮事先扬声走斜谷道取郿,让赵云、邓芝设疑兵吸引曹真重兵,自己率大军攻祁山,陇右的南安、天水和安定三郡反魏附蜀。张郃出拒,大破马谡于街亭。因为失街亭之事,诸葛亮不得不挥泪斩马谡,并且自贬为右将军,这就是著名的"挥泪斩马谡"。诸葛亮拔西县千余家返回汉中。这是蜀军第一次出祁山。自此开始,诸葛亮先后六次用兵四次北伐,占领了武俊、阴平、祁山等地。

由于积劳成疾,诸葛亮于公元234年8月病逝于五丈原。

↓诸葛亮铜像

奇迹创造者——拿破仑

拿破仑·波拿巴,其一生创造的军事奇迹数不胜数,人称奇迹创造者。他是法国近代资产阶级军事家、政治家、法兰西共和国第一执政、法兰西第一帝国皇帝、意大利国王、莱茵联邦保护人、瑞士联邦仲裁者。他曾经征服和占领过西欧和中欧的广大领土,他是欧洲历史上散发着璀璨光芒的传奇人物。

崭露头角

拿破仑·波拿巴,1769年出生在科西嘉岛的阿雅克肖城,9岁时被送到法国布里埃纳军校接受教育。1784年以优异成绩毕业后,他被选送到巴黎军官学校,专攻炮兵学。上学期间,父亲去世,于是他中途辍学。

法国资产阶级革命爆发后,拿破仑参加了革命军。1793年7月,已经是少校的他带兵攻下了保王党的堡垒土伦,击溃了保王党的势力,受到雅各宾派的赏识,因功被破格晋升为准将。1795年,拿破仑受巴黎督政官巴拉斯之托,在镇压保王党叛乱中表现出色,被晋升为少将。之后,拿破仑荣升为陆军中将兼巴黎卫戍司令,他开始在军界和政界崭露头角。

第一执政

1796年,拿破仑率军进攻意大利,取得了一系列辉煌的胜利,之后以英雄的身份返回巴黎。1798年,拿破仑率军远征埃及,但由于舰船被毁遭遇失利。此时,欧洲反法联盟逐渐形成,法国国内政治形势极为复杂。1799年8月,拿破仑赶回巴黎。回到法国的拿破仑被人们当作"救星",受到热烈欢迎。随后拿破仑发动了雾月政变,取得了成功,建立了执政府。拿破仑成

↑ 拿破仑雕像

为法兰西共和国第一执政。

拿破仑执政后在很多方面进行了改革,其中由拿破仑下令起草的《拿破仑法典》,至今仍有很重要的意义。法典于1804年正式实施,该法典对德国、西班牙、瑞士等国的立法都产生了重要影响。

伟大的帝国战争

1802年,拿破仑修改共和八年宪法,成为终身执政。1804年拿破仑建立了法兰西第一帝国,拿破仑成为法兰西人的皇帝,称拿破仑一世。

从1803年开始,拿破仑指挥了一系列战争,其战争性质开始逐步从正义的自卫战争转变成为大资产阶级谋夺利益的非正义的侵略战争。拿破仑不仅同欧洲反法联盟军作战,还镇压被其侵略的各国人民的抗争。

经过一系列战争,拿破仑于1807年确定了法兰西第一帝国在欧洲大陆的霸主地位。拿破仑一世兼任意大利国王、莱茵邦联保护人、瑞士联邦仲裁者。

1814年,欧洲反法联盟军攻占巴黎,拿破仑兵败,被流放到厄尔巴岛。后于1815年3月,拿破仑重返巴黎,又一次重掌政权。最终于同年6月在滑铁卢战败,再次被放逐。

拿破仑的一生跌宕起伏,无时无刻不在创造奇迹。他用行动捍卫了法国大革命的果实,击败了外来侵略者,巩固了资产阶级革命成果,武装入侵欧洲诸国,建立了历史上新的专制政权。拿破仑在用他的一生塑造着传奇。

美国之父——华盛顿

乔治·华盛顿是美国独立战争的著名统帅，美利坚合众国第一任总统，美国独立战争大陆军总司令。他领导北美殖民地人民进行独立战争，建立了美利坚合众国。在1797年连任两届总统任期结束后，他自愿放弃权力，隐退于弗农山庄。在作战指挥上，他善于灵活用兵、出奇制胜，显示出卓越的作战指挥才能。华盛顿被尊称为"美国国父"。

1787年华盛顿主持了制宪会议，制定了1787年美国宪法。1789年，华盛顿得到了全体选举团的一致认可，成为美国历史上第一任总统。华盛顿用自己的实际行动建立了美国历史上总统任期不超过两届的传统，这极好地促进了合众国的发展。

华盛顿在美国独立战争和建国过程中扮演了重要的角色，"美国国父"这一尊称就是美国人民对他最好的赞颂。

最崇高的敬仰

1775年，北美独立战争爆发，华盛顿被任命为大陆军总司令，领导指挥美国独立战争。6月起，华盛顿统率大陆军英勇作战，通过在普林斯顿和萨拉托加等地的多次作战行动，最终大败英军，迫使其投降。华盛顿在这些战役中显示出了卓越的作战才能。

当选美国总统

1783年9月，《巴黎和约》签订，英国被迫承认美国独立。12月，华盛顿辞去大陆军总司令一职，回到农庄。1789年，他当选为美国第一任总统。

担任总统期间，华盛顿全身心致力于美国的发展。他组织机构精干的联邦政府，颁布司法条例，成立联邦最高法院。他支持

↑ 华盛顿雕像

国家成立银行的计划，确立了国家信用，另外他还批准支持公共土地法案，为西部自由土地制度奠定了基础。

1793年，华盛顿再度当选为总统。为缓和同英国的矛盾，1794年，华盛顿派出美国首席法官与英国谈判，因其所签订的合约有损于美国利益，于是遭到反对。

1796年9月，华盛顿发表告别词，表示不再出任总统，卸任后退隐庄园。

归隐后的生活

自退休后，华盛顿在弗农山庄过着轻松的生活。他在山庄建立了蒸馏室，他或许是当时最大的威士忌蒸馏酒制造业者，到1798年便生产了11000加仑的威士忌。

在那段时期里，由于战争逼近，为了警告法国，华盛顿又被新总统约翰·亚当斯任命为美国陆军的中将，这在当时是军中最高的级别了，但这只是象征性的任命，华盛顿并未真的服役。

辉煌一生的华盛顿于1799年12月14日患病去世，这一伟大人物结束了他传奇的一生，他在全世界塑造的典型仁慈建国者的形象，将永远树立在人们心中。他在麦克·哈特所著的《影响世界历史100位名人》中排名第26，被多数学者视为美国历史上最重要的一位总统。

战争赌徒——山本五十六

他是一个将战场当作赌场的人，他是一个日本帝国海军军官，他是第26和27任日本联合舰队司令长官。他策划了偷袭珍珠港的著名战役，发动了太平洋战争。1943年4月18日这个赌场上的常胜将军遇美军伏击而毙命，他就是二战中著名的日本海军大将山本五十六。

山本五十六一生酷爱赌博，无论在哪儿，赌博都是他的主要娱乐活动。值得一提的是，山本五十六不仅仅将赌场作为赌博的场所，战场更是他真正的赌场。战场上的他尽显赌徒的冒险心理，偷袭珍珠港事件就是他一生下的最大的一次赌注。

西方有人针对偷袭珍珠港之战说只有赌徒才敢冒那么大的风险。在这场赌博中，日军最终将美国拉进了第二次世界大战，同时也让美国人记住了这一人物。下面让我们来了解珍珠港一战。

"Z作战计划"

偷袭珍珠港是指由日本政府策划的一起偷袭美国军事基地的事件。日军为夺取英、法、荷在东南亚的殖民地，攫取战略资源，选择在1940年9月27日订立三国同盟条约，扩大侵略，矛头直指美、英。

珍珠港位于太平洋东部的夏威夷群岛，是美国太平洋舰队最重要的基地。山本五十六看重这一点，于1941年制订"Z作战计划"力主偷袭珍珠港。这是一个大胆而又十分冒险的计划，遭到海军军令部极大反对，就连执行奇袭任务的第1航空母舰特混舰队司令长官南云忠一海军中将起初也表示怀疑。只有赌徒才会冒这个险，而山本五十六恰恰是赌博高手。

珍珠港之战爆发

山本五十六不顾反对，坚持己见。他认为同美国交战本身就没有什么获胜的希望可言，硬打的话，只有一开始就尽全力先发制人给敌人狠狠一击，给敌人造成困难和障碍，除此之外别无他法。日海军军令部犹豫不决，山本为了让海军军令部同意"Z作战计划"，甚至以辞职相要挟。同时还表示，如果南云忠一海军中将也不赞同的话，那么他将亲自率领航母舰队出征。面对山本最后的要挟，日海军军令部不得不批准了"Z作战计划"。

于是，山本指挥联合舰队选择了与珍珠港相似的鹿儿岛湾，开始了充分的准备和严格的模拟训练。1941年12月7日凌晨，在南云忠一指挥下，第一攻击波183架飞机穿云破雾扑向珍珠港。7时53分，突袭成功。此后，第二攻击波的168架飞机再次发动攻击。仓促应战的美军损失惨重，8艘战列舰中，4艘被击沉，一艘搁浅，其余都受重创；6艘巡洋舰和3艘驱逐舰被击伤，188架飞机被击毁，数千官兵伤亡。而日本只损失了29架飞机和55名飞行员。这就是著名的珍珠港事件。

知识链接

1941年2月山本制订"Z作战计划"，其成功完全依赖于两个靠不住的假设：一是在袭击时，美国太平洋舰队正停泊在珍珠港内；二是一支大型的航空母舰队可以在渡过半个太平洋时而不被发现。赌徒山本五十六冒了这个险，却也取得了胜利。

↓舰艇是海上战斗的重要军事武器

沙漠之狐——隆美尔

在第二次世界大战的璀璨将星中,能做到生前显赫,死后殊荣不断,特别是被敌对双方都认可的,唯有隆美尔一人而已。隆美尔是二战中德国最负盛名的将领,也是希特勒最为宠爱的将领,有"沙漠之狐"之称。

具有卓越军事才华的元帅

前纳粹德国陆军元帅艾尔温·隆美尔,1892年11月15日出生在德国南部一个中学校长家庭,1910年中学毕业后从军,曾经参加过第一次世界大战,在第一次世界大战中,隆美尔就展现出了卓越的军事才华。

第二次世界大战爆发后,隆美尔作为德国最高统帅部的指挥官之一,受到希特勒的器重。在第二次世界大战中,他对作战经过作了详细的记载,保存了大量的文献资料,为后人研究第二次世界大战提供了依据。

1941年2月,希特勒任命隆美尔为"德国非洲军"军长,前往北非援救一败涂地的意大利军队。到运之后,隆美尔立即作了一次突击,指挥他的装甲部队冒着沙漠风暴勇猛穿插,全速前进。英军猝不及防,节节败退。经过一系列的战役,德军直逼亚历山大和苏伊士。隆美尔因此名声大振,赢得了"沙漠之狐"的美名,并被晋升为元帅。

足智多谋的"沙漠之狐"

1940年6月,法西斯德军进攻法国,意大利则一面向英法宣战,一面乘机出兵北非,进攻英属埃及和索马里,企图夺取苏伊士运河,控制地中海直通印度洋的通道。12月,英军开始反攻。意大利军队被迫向利比亚境内撤退。

1941年2月6日,德军任命隆

美尔为援救意军的德国非洲军的军长。2月11日起,隆美尔开始攻提波里坦尼亚。隆美尔面临的问题是兵力不足,为了阻止英军的继续进攻,隆美尔决定利用现有兵力,对本海齐港口发动一次空中攻击,炸毁英军通向本海齐的运输路线,破坏英军的增援。

一个正确的决定

隆美尔的计划遭到意方的反对,但在隆美尔的坚决主张下,空军轰炸了英军通向本海齐的运输线。3月15日,隆美尔把德国和意大利的军队组成混合纵队,从塞尔提向穆尔祖赫发起进攻,迅速向南挺进了450英里。这次行动,给了英军意想不到的打击,同时隆美尔获得了在非洲条件下作战怎样进行和如何长途行军的经验,为以后的进攻打下了基础。

3月31日晨,在英军立足未稳的时候,德军开始向梅尔沙隘道进攻。双方经过一天的激烈战斗,德军于傍晚占领了该隘道。第二天,德军又向阿吉达比亚发起攻击,用了一天的时间便占领了阿吉达比亚周围的地方。

由于隆美尔灵活使用机械化部队,不给敌军喘息的机会,所以不到一个星期英军就从昔兰尼加的西界阵地后退了200多英里,继而又从昔兰尼加的东界后退400英里,只剩下了一支被围困在托卜鲁克的部队。隆美尔把取得北非战场胜利的主要原因总结为速度第一。隆美尔指挥作战灵活,能够根据沙漠地形、气候等特点用兵,常常以少胜多、从被动变为主动,"沙漠之狐"的称号也由此诞生。

↓二战中的德国士兵在展示武器

海军鲨鱼——邓尼茨

卡尔·邓尼茨是第二次世界大战期间德国的著名军事将领，曾任潜艇部队司令、海军总司令、第三帝国国家元首、武装部队统帅、德国海军元帅，是德意志民族国家社会党党员。希特勒死后，他接任德国国家元首，是主要纳粹战犯之一。

海军优秀的指挥官

1891年，邓尼茨出生于柏林。早在巡洋舰"布雷斯劳号"上实习时，他就获得了初步的军事经验。他在魏玛的一所高中毕业之后，就加入皇家海军任候补军官，在"赫尔塔号"上完成了舰上训练，最后毕业于弗伦斯堡－米尔维克海军学校的特别班。

邓尼茨是一位有才干的海军将官和优秀的潜艇指挥官，在第二次世界大战期间他担任海军总司令、总统兼武装部队最高统帅，他把自己丰富的学识运用到了战场上。在担任潜艇部队司令期间，他创造出人称"狼群战术"的潜艇作战方式，在第二次世界大战初期给英、美等国的海上运输造成极大的威胁。

与海结缘，一路高升

早在第一次世界大战期间，邓尼茨就获得海军少尉的军衔。1914年，第一次世界大战爆发，邓尼茨跟着米迪里号参与对俄国的战斗，积累实战经验。1916年3月，邓尼茨晋升中尉，9月被调回德国并被派往潜艇部队服役，直至1918年10月4日因潜艇沉没而被俘。

1921年邓尼茨晋升上尉，被派到波罗的海海军军区司令部服务，然后调到鱼雷监察部和驻柏林的海军总司令部。1928年，他晋升为海军少校，并任第4潜艇队队长，获得了发展潜艇群战术的机会。他利用这次机会进行了拂晓战与夜战的训练，并不断地验证了它们的效能。

1933年，邓尼茨晋升海军中校，并调任训练巡洋舰"恩登号"舰长，负责海军学校学生的训练。1935年10月，邓尼茨晋升海军上校后担任"康迪根"潜艇队队长。这是依照德英1935年7月签订的《舰队条约》而成立的第一支德国潜艇部队。一年之后，他掌握了所有潜艇的编制情况。

1939年10月，邓尼茨晋升海军少将，向国防部建议在挪威的德伦斯哈姆港设立一个最优良的潜艇基地。1940—1942年的三年中，德国潜艇创造了辉煌的战绩。邓尼茨改进了他的潜艇集群战术，使人们对于这些海洋中的"灰狼"无不闻风丧胆。

1940年5月到10月，邓尼茨的成功达到了最高潮。他的潜艇共击沉287艘舰船，计1450878总吨位。

1940年，邓尼茨晋升海军中将。1943年1月30日，邓尼茨由雷德尔推荐而继任海军总司令，并晋升海军元帅。

卡尔·邓尼茨把他的一生都投入到海军建设方面，取得了惊人的成就。

↓二战中的德国海军

盟军统帅——艾森豪威尔

德怀特·戴维·艾森豪威尔，美国第34任总统，陆军五星上将。在美军历史上，艾森豪威尔是一个充满戏剧性的传奇人物，曾获得很多个第一。美军共授予10名五星上将，他晋升得"第一快"；他出身"第一穷"；他是美军统率最大战役行动的第一人；他第一个担任北约武装部队最高司令；他是美军退役高级将领担任哥伦比亚大学校长的第一人；他是美国唯一的一个当上总统的五星上将。

西点军校的高才生

1911年，艾森豪威尔考取美国海军学院，却因年龄大而未被录取，后经参议员推荐，考入美国西点军校。由于战争，许多同学都去法国参战，他却被留在国内从事训练工作，赴得克萨斯州圣安东尼奥任职。1916年艾森豪威尔晋升为少校。1921年他从陆军坦克学校毕业，创办了美国陆军的第一所战车训练营。1922年他又调任驻巴拿马的第20步兵旅参谋。在巴拿马服役的3年中，艾森豪威尔受到了康纳的特殊栽培，军事知识和技能大为长进。艾森豪威尔学习认真，训练刻苦，于1926年以全校第一名的成绩毕业，随后又经康纳介绍而赴法国进行战场考察。

晋升最快的大人物

1929年，艾森豪威尔赴陆军部助理部长办公室任职。1933年，任陆军参谋长麦克阿瑟的助理。1935—1940年，担任菲律宾军事顾问麦克阿瑟的高级助理。1936年，艾森豪威尔晋升为中校。

1939年9月，德军入侵波兰，他不顾麦克阿瑟等人的劝阻和挽留，坚决要求回国。年底回国后，任美国西部军区司令部的后勤计划官。1941年，艾森豪威尔改任团长，后来又改任第3集团军参谋长，晋升准将。

1941年12月7日，日本偷袭珍珠港美军基地。8日，美国对日本宣战。在珍珠港事件发生后第5天，马歇尔电召艾森豪威尔速回华盛顿。因为艾森豪威尔熟悉菲律宾和太平洋地区，但更主要的是他有丰富的参谋工作经验。他先任战争计划处副处长，不久计划处升格为作战厅，他又被任命为作战厅长，几星期后便升为少将。

这时的艾森豪威尔，虽然还没有资格参加那些有关同盟国战略问题的高层会议，但他却能站在最高统帅的角度，代表美国利益来指导全球性的战略行动。1942年6月，艾森豪威尔成为驻伦敦的美军欧洲战区总司令，7月，晋升为中将。

在战争中崭露头角的领导者

1942年7月，鉴于非洲的英军及远东美军接连受挫的形势，美、英决定发动北非战役。8月，艾森豪威尔被任命为实施北非登陆的盟军最高司令。在这之前，他并未单独指挥过作战，然而他就任后的第一次重大使命却马到成功，美英联军在北非登陆进展顺利。艾森豪威尔也因此名声大震。

1942年11月8日，艾森豪威尔率领美英联军10万人分三路在法属北非殖民地登陆。1943年2月，艾森豪威尔获得了当时的最高军衔——上将军衔，出任北非和地中海盟军总司令。

在这一时期，他指挥了一生中最著名的两场战役，也是在世界战争史上影响较为重大的两次战役，分别是西西里战役和诺曼底登陆。

第二次世界大战结束后，艾森豪威尔曾任美国驻德占领军司令。1945年回国，任美国陆军参谋长。1948年一度退出现役，任哥伦比亚大学校长。1950年，在法国任北约武装部队最高司令。

1952年，艾森豪威尔退出军界，参加总统竞选，1953年就职后，他签订了《朝鲜停战协定》。1953—1960年，艾森豪威尔连任两届美国总统。

1969年3月28日，艾森豪威尔在华盛顿病逝，终年79岁。他留下的主要著作有《远征欧陆》《白宫岁月》和《艾森豪威尔的战争经历》。

强敌克星——蒙哥马利

伯纳德·劳·蒙哥马利，英国陆军元帅，杰出的军事家、战略家，第二次世界大战中盟军杰出的指挥官之一，被称为阵地大师。其一生著名的两次杰作分别是阿拉曼战役、诺曼底登陆。

辉煌的人生

伯纳德·劳·蒙哥马利出生在伦敦肯宁敦区圣马克教区的一个牧师家庭。1901年他14岁时才正式上学，文化成绩低劣，但体育成绩极棒。1907年他奇迹般地考入了桑德赫斯特皇家军事学院。1908年12月毕业后，蒙哥马利加入了驻印度的皇家沃里克郡团，当一名少尉排长。

第二次世界大战中蒙哥马利成为盟军杰出的指挥官之一。1943年，他参加攻占西西里和登陆意大利的战役，1944年统率盟军进入法国，6月6日指挥盟军进攻诺曼底，取得了诺曼底登陆作战的胜利。后晋升陆军元帅，受封子爵，1946—1948年任帝国总参谋长。

蒙哥马利生前曾几次会见毛泽东，留下了许多鲜为人知的往事。蒙哥马利始终是一位谨慎的战略家。他坚持在每次出击以前，在人力、物力上做好充分的准备，虽然对于战争来讲，延缓了进程，但却稳妥可靠，并保证了他在部下中的声威。

阿拉曼战役

阿拉曼战役发生的时间在1942年10月23日—11月4日之间，这是一场扭转北非战场的关键性战役，盟军从此开始进入反攻阶段。

阿拉曼位于埃及的北部，是第二次世界大战中北非战役的主战场。1942年7月，包括非洲军团、意大利与德国的步兵和机械化部队在内的非洲装甲军团，在隆美尔的统率之下进入埃及，对苏伊士运河的补给线虎视眈眈。

为了确保苏伊士运河航线的安全，英国第八集团军在蒙哥马利的指挥下对隆美尔的兵团发动了攻击。两军激战十二天，最后英军大获全胜，德意联军被迫退守到突尼斯边境。

一场精明的引诱战

战役的胜利保证了盟军从中东通往苏伊士运河这条供应线的畅通，在士气上对盟军的意义更是非同小可。

为了确保战役的胜利，一代军事帅才蒙哥马利绞尽脑汁，为自己的老对手隆美尔精心设计了圈套。他先是制定了一个大胆的计划：在南面实施佯攻，在北面实施主攻，然后组建了一支用来"欺骗"的部队，其成员有银行家、魔术师、剧作家、艺术家、情报人员和大学讲师。尽管这支部队的构成复杂，但却有着惊人的伪装欺骗能力，他们在南面大造声势，让隆美尔误以为英军会从这里发动进攻。为了让"演出"更加逼真，这支部队还铺设了一条长达30千米的模拟输油管，以及修建了模拟铁路、供水站等。

在种种情报的迷惑下，隆美尔开始更加关注南部英军的动向，不敢抽调更多的兵力用来和英军进行北面对决。这样一来，英军在北部就占据了绝对的兵力优势。

扭转局势的一战

1942年8月30日夜，隆美尔下达了进攻命令，想用突然袭击一举突破英军防线。隆美尔吃惊地发现，英军在北部的兵力大大超过德军。英国空军的飞机从早到晚不停地轰炸，伤亡报告不停地送到隆美尔手上。9月4日凌晨，隆美尔终于下达了总撤退的命令，结束了这场恐怖的阿拉曼战役。

1942年10月23日夜，随着蒙哥马利的一声令下，英军手中的数千门美制"谢尔曼"坦克炮弹齐发，共歼灭敌军5.5万人，击毁坦克装甲车350辆。但因英军冲击不果敢，行动迟缓，未能全歼德意联军。尽管如此，此役仍是第二次世界大战非洲战场的转折点。从此，战争主动权落入英军手中。

1958年，蒙哥马利结束了50年的军旅生涯而退休。他是英国历史上服役最久的将领。1960年和1961年，蒙哥马利两次访问中国。1976年3月25日，他在英格兰汉普郡奥尔顿逝世，终年89岁，一生著有《蒙哥马利回忆录》《通向领导的道路》《战争史》等书。

图说经典百科

第五章
著名军事战役

第一次鸦片战争——罪恶的印证

清朝中期以后,英国等资本主义国家竭力向中国推销工业产品,企图用商品贸易打开中国的大门。于是英国等国开始向中国输出大量鸦片,牟取巨额利润,中国民众深受鸦片毒害。于是,道光帝派湖广总督林则徐为钦差大臣,赶往广东查禁鸦片。1839年林则徐在虎门海滩当众销毁缴获的鸦片。英国政府闻讯后,谋划发动侵华战争。随即1840年,英军入侵中国沿海城市,清军也对英军宣战。

震撼人心的虎门销烟

由于鸦片给人带来的危害日趋严重,民众深受其害,使得朝野上下查禁鸦片的呼声日趋高涨。1838年年底,清朝道光帝颁布禁烟令,派遣钦差大臣湖广总督林则徐前往广州负责执行。

1839年3月,林则徐到达广州后,迫使英美鸦片走私者交出鸦片近120万千克,并使其承诺不再贩卖。6月,林则徐在虎门海滩当众就地销毁查禁的众多鸦片,这就是历史上有名的虎门销烟,这一事件向外国人表明了中国人民禁烟的坚定决心。他还让参观者转告其他外国人,不要再试图向中国走私鸦片,否则就是自投罗网。

英国人把中国人的禁烟行动看成是侵犯私人财产,觉得不可容忍。1840年,英军向中国发动战争,很快攻陷了浙江定海。1841年1月,攻占了大角、沙角炮台,迫使清政府对英宣战。一场大的战争爆发了。

民众抗英

鸦片战争期间,沿海地区的广大人民,积极地配合清军作战,并自发地组织反侵略斗争。英军攻陷厦门,当地民众自发组织起来,抗击英军,迫使其退守鼓浪屿。入

↑林则徐雕像

侵浙江时，该地人民组织起"黑水党"，给英军一次狠狠的打击。进犯长江后的侵略军，途中因受到沿江人民的袭击，迟迟不能前进。

在民众抗英的事件中，最出名的一次是三元里人民抗英。1841年5月，英军闯入三元里骚扰抢劫，激起民愤，遭到当地群众的奋起抗击。三元里群众自己组成义军，巧妙作战，打死英军无数。

浙东之战

1841年7月，英军舰队攻占定海前沿阵地，在炮火的极力掩护下步兵登陆，向定海周围发起进攻。清定海总兵率部奋勇杀敌，终因寡不敌众，相继阵亡，定海随即失陷。随后，镇海、宁波、浙东三地相继失陷。

吴淞、镇江保卫战

1842年，英军主力北上，攻占吴淞口。吴淞口因地处河流交汇处，因此东西两岸均筑有炮台，英舰队便分别用炮火轰炸吴淞口各炮台，同时派遣步兵登陆作战。陈化成率领的守卫军实施猛烈反击，给敌人以沉重的打击，开炮击中英舰数艘。但终因西炮台孤立无援，守军大部阵亡，西炮台也就此失陷。

1842年6月，英军继续向西入侵，于7月中旬闯入镇江江面。在这里又展开了一场激烈的交战，守城将士奋勇抵抗，与英军展开激烈的巷战和肉搏战，众多战士宁死不屈，为保卫镇江献出了宝贵的生命。最终，英军战胜，攻下镇江。

第一次鸦片战争以中国的失败而告终，战后清政府签订了丧权辱国的《南京条约》。在政治上独立自主的中国，战后由于领土主权遭到破坏，逐渐成为世界资本主义的商品市场和原料供给地，传统的自给自足的自然经济开始解体，中国开始沦为半殖民地半封建社会。

马恩河会战——人类绞肉机战争

马恩河会战是指在第一次世界大战期间，协约国军队同德军于1914年和1918年在法国马恩河地区进行的会战。该会战最终以英法联军击退德军而告终。

第一次会战

第一次会战始于1914年9月4日英法军队撤过马恩河。9月5—12日，英法联军以6个集团军66个师约108万人进行全线反攻。英法联军在宽达200千米的地带上，向前推进60千米，从而使西线转入持久的阵地战阶段。

在这次会战中，德军伤亡约21万人，法军约14万人。这是一次高度机动的会战，是西线1914年战局中有利于联军的转折点。第一次马恩河会战中，协约国军粉碎了德军速战速决的计划，保住了巴黎，遂使第一次世界大战中的西线战场形成了胶着状态。这场会战的战略性意义十分巨大，德国人丧失了其先击败法国再转过身来对付俄国的唯一机会。

在这场会战中，交战双方先后投入150万的兵力，伤亡人数在30万以上。其中，法军阵亡2.1万人，受伤12.2万人；德军阵亡4.3万人，受伤17.3万人。

第二次会战

第二次会战始于1918年7月15日，德军以3个集团军的兵力在马恩河突出部地区对英法联军发动进攻。7月18日，英法联军向德军发起反攻。在主要突击方向上同德军18个师展开激战，将德军打退到埃纳河和韦勒河一线。

8月5日会战结束，德军损失12万人，联军损失近6万人。联军向前推进42千米，防线缩短45千米，解除了对巴黎的威胁，主动权转到协约国一方。德军失败的主要原因是兵力兵器不足和过高估计了自己的力量。

战后总结

德皇威廉二世指派小毛奇接任参谋总长,这原本就是一个错误的选择,战后经过很多历史学家的论证后发现,小毛奇在距离前方阵地很远的后方指挥战役。小毛奇修改了施利芬计划,从西线兵力部署的7∶1改为3∶1,小毛奇在无法了解前线的情况下,上下无法通联,战机尽失,一错再错。

知识链接

赫尔穆斯·约翰内斯·毛奇(1848—1916年),德国大将,老毛奇之侄,又称小毛奇。他出生于一个典型的普鲁士容克贵族家庭,从小受到狂热的军国主义思想的熏染。1880年任老毛奇副官。1891年起先后任德皇威廉二世侍从武官、王牌师师长、德军军需总监等职。1906年任德军总参谋长。他声称自己一生的工作都是为了准备发动世界性的战争。

法军及协同法军作战的英军于1914年9月4日撤过马恩河,占领有利地形,伺机反攻。小毛奇失去了对部队的控制,无奈之中只好下达各集团军北撤的命令。1914年9月11日,小毛奇向德皇报告:"陛下,我们输掉了这场战争。"3天后,他被撤职。1916年6月18日,一战尚未结束,这位狂热的军国主义分子便抑郁而死。

↓第一次世界大战

索姆河会战——150天的拉锯战

索姆河会战指的是第一次世界大战中期英法军队在法国北部索姆河地区对德军的阵地进攻战役。战役从1916年6月24日开始,至11月中旬结束。

索姆河会战,是第一次世界大战中规模最大的一次战役。双方伤亡约134万人,其中英军45万余人,法军34万余人,德军53.8万人。英法军未达到突破德军防线的目的,但钳制了德军对凡尔登的进攻,进一步削弱了德军实力。

计划已久的战役

这场战役是协约国在1916年总战略进攻计划的一部分。

双方准备了5个多月,首先英法军队进行7天(6月24日—7月1日)的炮击,虽然几乎完全摧毁德军第一阵地,部分摧毁第二阵地,但失去了进攻作战在战术上应保持的主动性。

7月1日,英国第4集团军向巴波姆方向实施主要突击,由英国第3集团军第7军在其左翼掩护;法国第6集团军从索姆河两岸向佩罗讷方向实施辅助突击。当日,法军和英军右翼突破德军第一道阵地,但英军左翼为德军壕沟阵地所阻。英军采用密集队形突击,遭德军马克沁机枪的强大火力杀伤,损失近6万人。

7月2日—7月3日,英军右翼和法军攻占德军第二道阵地,法军一度占领巴尔勒、比阿什等德军防御要地。此后数日,由于德军投入预备部队以及英法联军本身在突破战术和指挥调度方面存在着严重缺点,以致推进缓慢。

7月19日,德军指挥部又投入新一波预备部队,为便于指挥,将第2集团军分编为由贝洛将军指挥的第1集团军和加尔维茨将军指挥的第2集团军。并在防御上加长纵深，构筑了补充防御地区。

7月中旬，英法联军仅向前推进数千米，未达成作战的预期目标。

坦克的第一次使用

7月底至8月中旬，英法联军将其部队增强至51个师、飞机增加至500架；而德军增加到31个师、飞机增到300架，由于作战的迟缓、胶着，遂转变成为消耗战。

9月3日起，法国米舍莱将军的第10集团军、英国加夫将军的第5集团军分别投入战斗，战场正面范围扩大到50千米宽的战线。德军增强至40个师，又不停加强阵地的防御工事。

9月15日，英军第一次使用新式兵器——坦克（共49辆坦克，实际参战仅18辆），配合步兵进攻，推进了4—5千米。这是战争史上第一次使用坦克，对守备方的德国步兵产生了心理震撼，使他们放弃阵地不战自退。但由于坦克的技术与装备尚未完善，加上战线宽广（10千米18辆坦克），仍然没有达到打开突破口的作战目标。战术层级的运用成功并未能引导作战胜利。虽然英军后来又使用了两次坦克，同样收效不大，倒让德军开始学习如何对付敌方这个庞然大物。

进入秋季后，气候开始恶化，由于阴雨连绵，道路泥泞，战斗渐渐平息，到了11月完全停止，英法两国的作战计划宣告失败。

↓战争中的坦克

德国对捷克斯洛伐克的闪电战——老虎对羚羊的突然袭击

当日本的铁蹄踏入中国的时候,欧洲上空也弥漫着浓厚的战争阴云。1938年3月,德国一枪不发,便吞并了奥地利,接着又紧盯住下一个目标——捷克斯洛伐克。

德国侵占捷克斯洛伐克整个事件,使得捷克斯洛伐克成了慕尼黑阴谋的牺牲品,也成为英法两国为保护自己国家利益阻止德国发动战争而利用的工具。

一场阴谋的战争

在靠近德捷边境的捷克斯洛伐克苏台德区,有300多万日耳曼人。一方面,希特勒利用该地区居民和德国人同一种族的关系,搞纳粹党组织,并指挥他们不断制造事端,要求"自治",实际上是脱离捷克斯洛伐克,归附德国;另一方面,希特勒叫嚷着不能容忍有人"欺侮"德国境外的日耳曼人,要替他们"伸张正义",扬言要发动战争,又大规模地向德捷边境调集军队,拟订了"绿色计划",准备在1938年10月1日进攻捷克斯洛伐克。

眼看德国军队就要兵临城下,捷克斯洛伐克政府也加强了边界的作战兵力。两军对峙,战争似乎就要一触即发了。

各有图谋

在这最紧要的关头,紧张的并不只是捷克斯洛伐克的领袖们,这个消息也同样令英法领导们彻夜难眠。第一次世界大战之后,捷克斯洛伐克在英法保护下恢复了主权,同英法都订有互助同盟条约,如果德国和捷克斯洛伐克交战,英法按照条约必然卷入战争,西欧的战火将蔓延开来。

英法两国领导考虑到自身的国家利益,决定紧急求见德国首领希特勒。但是在会谈期间,希特勒要求英法政府割让捷克斯洛伐克苏台德地区给德国。

希特勒根据《慕尼黑协定》，强迫捷克斯洛伐克割让了1.1万平方英里的土地。在这个地区内有着大量的捷克斯洛伐克工事，它们构筑了在当时来说欧洲最坚强的防线，只有法国的马其诺防线可与之媲美。

一场没有履行诺言的胜利

但希特勒最终没有履行他的诺言，在占领了苏台德区后，德国于1939年3月悍然侵占了整个捷克斯洛伐克，德国侵占捷克斯洛伐克可谓是闪电战术，速度快而且不给对方任何反扑的机会，在这期间，英法没有参与捷克斯洛伐克的战役。

1939年3月14日，年迈的捷克斯洛伐克总统埃米尔·哈查冒雪赶到柏林，晋见希特勒。当天，他就被迫在"把捷克斯洛伐克人民和捷克斯洛伐克国家的命运交到德国元首手中"的公报上签了字。

1939年3月15日，德国第一批军队开进过去一直是捷克斯洛伐克首都的布拉格，仅仅18小时以后，希特勒就以惊人的速度得意扬扬地来到这里。这个国家当时已被分割成许多部分，但都臣服于希特勒德国，德国旗帜在波西米亚几代国王的城堡上飘扬。

扩展阅读

捷克斯洛伐克位于欧洲中心，不但军事工业发达，矿产资源丰富，而且战略地位十分重要。德国人占领捷克斯洛伐克后，就可以把它作为向东进攻苏联的跳板，向西进攻英、法的重要阵地了，所以德国对它早就垂涎三尺了。在捷克斯洛伐克的苏台德地区有大量的军事工业设施，如果能够取得苏台德地区，那么攻下捷克斯洛伐克将不费吹灰之力。

↓参与签订《慕尼黑协定》的四国代表

斯大林格勒战役——保卫家园的战斗

斯大林格勒战役,又称斯大林格勒保卫战,是二战中苏联卫国战争的主要转折点,是第二次世界大战的转折点,也是人类历史上最为血腥和规模最大的战役之一。

一场激烈的交锋战

德军在1941年9月围攻列宁格勒后,又于1942年7月17日,投入150万的兵力进攻斯大林格勒。希特勒甚至订下了7月25日以前攻占斯大林格勒的计划。苏联军民在斯大林的号召下,誓死抗敌,人人都投身到反击德国法西斯的斗争中去。

德军集中了40个师的精锐部队,每天出动上千架次飞机,把100多万颗炸弹残忍地投向这座城市,斯大林格勒的建筑几乎全被炸毁。9月13日,德军17万人,500辆坦克向保卫斯大林格勒的苏联第62集团军发起猛攻,突破苏军防线,进入市区阵地。在这危急的时刻,苏军进行了英勇的抵抗。苏联人民也团结起来,一场最为残酷、最为激烈的市区争夺战开始了。

誓死不屈的保卫战

9月14日,战争愈演愈烈,德军从早到晚冲锋不止,死伤惨重。据守斯大林格勒的62集团军战士,抱着与城共存亡的决心和德军浴血战斗。为了争夺火车站,德苏双方争夺激烈,一周内火车站13次易手。为了争夺被德军占领的马耶夫岗高地,近卫军猛扑高地东北面的陡峭斜坡,冲入战壕与德军展开了白刃搏斗,终于把高地夺回。

守卫"巴甫洛夫大楼"的激战持续了58个昼夜,敌人用火炮、迫击炮进行射击,还派飞机向楼房轰炸,楼房虽被炸得面目全非,却始终未被摧毁，苏军坚守楼房，给敌人一次又一次的还击。

一次次誓死保卫家国的战斗让我们看到了苏联将士对国家的热爱之情。

在激战的9月份里，苏联生产了1200辆坦克和150辆牵引车……在参战期间，无论男女老少，人人都是战士，到处都是战场，希特勒的军队陷入人民战争的汪洋大海中，久战不胜。

日渐衰退的德国军队

希特勒原想速战速决，但斯大林格勒人民的顽强反击，使德军陷入困境。从9月13日到26日，德军每天几乎伤亡3000多人，但仍然不能占领全城。德军的士气一天天低落下去。冬天的来临更让毫无过冬准备的德国士兵陷入饥寒交迫中，很多士兵被冻死，德国的战斗力一天天衰弱下去，战争的形势逐渐发生变化。

11月19日，苏联红军终于迎来了激动人心的时刻，斯大林发起了大反攻的命令。11月23日，苏军把33万德军困在了包围圈中。德军弹尽粮绝，他们处在死亡的恐惧中。鲍罗斯向希特勒发出冲围撤退的请求。2月2日，坚持了6个月的斯大林格勒战役终于结束了。

斯大林格勒战役给希特勒法西斯以致命的打击，德军再也无力进行大规模的进攻了，他们一步步后退，开始走下坡路。苏联红军则开始大反攻，陆续收复了失地，并攻入德国本土。斯大林格勒战役的胜利，是苏德战争的转折点，也是第二次世界大战的伟大转折。

↓斯大林格勒战役

对马海战——海上的大拼杀

对马海战是日俄战争期间，日、俄两国舰队在对马海峡附近海域进行的海上决战。战役以日本舰队全胜，彻底摧毁俄国波罗的海舰队而告终。这是海战史上损失最为悬殊的一场海战。日本联合舰队使用丁字战法歼灭俄国太平洋舰队，使俄国海军自此一蹶不振。

一场大拼杀的背后

在对马海战前的1904年8月，俄军太平洋舰队受到了日本舰队的重创并被围困于旅顺港。接到命令的俄国罗杰斯特文斯基海军上将，率领由波罗的海舰队拼凑而成的第二太平洋舰队前往远东作战。该舰队原先得到的命令是驰援旅顺港，解除日军的封锁。但是在他们到达马达加斯加时，就已得到了旅顺失守的消息，于是不得不改投俄国的符拉迪沃斯托克(海参崴)。

日本联合舰队司令东乡平八郎根据俄国舰队补给供应情况，断定俄国舰队将通过对马海峡直接前往海参崴。俄国舰队向远东航行的同时，日本联合舰队在东乡平八郎的督促下，频繁进行实弹射击训练。战争打响前，以逸待劳的日本联合舰队就已经做好充分的准备，而俄军由于是新服役战舰，官兵素质低下，士气比较低落，加之又经过历时8个月的漫长航行，使得整个舰队的作战能力严重下降。

1905年5月20日东乡平八郎下令，全舰队进入战位，等待着俄国舰队的到来。5月25日，俄国舰队从台湾附近出发，26日到达上海附近，27日清晨进入对马海峡，钻进了日本舰队的包围圈。

以少胜多的大拼杀

1905年5月27日，日本联合舰队侦察船"信浓丸"发回在九州西

部海域发现俄国舰队的电报,在朝鲜半岛马山附近的镇海湾内,待命中的日本联合舰队得到全体出港的命令。中午日本联合舰队第三分舰队在冲之岛附近与俄国第二太平洋舰队接近,下午战争打响。

日舰集中炮火猛击俄军舰队,俄军遭到重创,指挥官员受重伤,许多舰队中弹沉没,整个舰队乱作一团。接下来几个小时,日军主力军舰撤出战斗,转向另一截击线附近海域。

28日上午,日军舰队主力再次在郁陵岛附近海域攻击已受重创的俄国舰队残部,俄军受到沉重的打击。至11时,接替罗杰斯特文斯基指挥的俄分舰队司令看到突围无望,被迫举白旗投降。一场激烈的海上大拼杀宣告结束。

著名的以少胜多的战例之一。日本仅以损失3艘鱼雷艇的筹码使得俄国舰队19艘军舰沉入海底,5艘军舰被俘,赢得了压倒性的胜利,夺取了远东地区的制海权。

对马海峡海战的结果充分证明了阿尔弗雷德·赛耶·马汉的海权学说,证明了战列舰在海战中无可替代的霸主地位,并且深刻影响了海军技术的发展。

对马海战的影响力不仅局限在军事方面,还直接左右了俄国、日本两个国家的命运,这场海战使得曾经处于世界前列的俄国海军沦为三流海军,海战的失败动摇了俄国沙皇的统治。日本通过此战,为《朴次茅斯和约》的签订铺平了道路,从此进入了世界海军强国的行列,成为远东地区首屈一指的国家。

影响深远的战役

对马海峡海战是近代海战史上

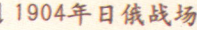
↓1904年日俄战场

中途岛海战——以少胜多的经典海战

中途岛战役，是第二次世界大战的一场重要战役，也是美国海军以少胜多的著名战例。

第二次世界大战期间，美、日海军在中途岛附近海域进行了多次海战。日本企图夺取中途岛作为前进基地，将海上防线推进到中太平洋，迫使美军退守夏威夷及美国西海岸，以保障日本本土和日军南进翼侧的安全，并诱歼美太平洋舰队。基于这些目的，日本于1942年6月发起对中途岛的进攻。

战役的打响

日本的进攻部队由8艘航空母舰和战列舰、巡洋舰、驱逐舰、潜艇等战斗舰艇共120多艘组成，由联合舰队总司令海军大将山本五十六指挥。以海军中将南云忠一率领的由4艘航空母舰组成的第一机动部队袭击中途岛，支援登陆部队登陆；以海军中将近藤信竹率领的登陆编队入侵中途岛；山本五十六亲率主队位于南云忠一部队之后600海里跟进；同时，以一部分兵力进攻阿留申群岛以钳制美军。

紧要关头

各部队于1942年5月25—28日由本土向中途岛战区出发。但是在最后关头美国破译了日本海军的无线电报密码，掌握了日本的企图。太平洋战区总司令海军上将C.W.尼米兹迅速调集3艘航空母舰，组成航空母舰中途岛海战编队群，由他直接指挥，预先进至中途岛东北约200海里海域，隐藏起来以等待日本海军到来时给予日本军队以出其不意的打击。与此同时，美军还加强了中途岛的防御。

6月4日凌晨，日军第一机动部队进至中途岛西北240海里海域。4时30分，派出第一波飞机108架攻击中途岛。

在这个时候,美国的航空母舰群也开始悄悄地向日军的船只接近,当接近至150海里的地方时,在7点02分开始接连派出第一、第二波飞机200多架,乘日航空母舰编队群接受第一波攻击中途岛飞机返舰、第二波飞机卸下炸弹、再挂鱼雷的混乱时机,对日各航空母舰实施连续攻击。日军虽然还有一部分战机飞到空中迎战,但是对于整个战争的局势来说已经无济于事了。

损失惨重的日军舰队

6月4日晚19时,已经被摧毁的日军苍龙号、加贺号航空母舰先后在海洋中沉没。6月5日2时55分,山本五十六大将下令:"取消中途岛的占领行动。"然而最具戏剧性的是6月5日晚上,日军两艘重巡洋舰"最上号"和"三隈号"在浓雾中转向时却相互撞上对方,"最上号"受到重创,"三隈号"不得不留下陪伴左右。已经奄奄一息的"赤城号"航空母舰被日军驱逐舰发射的鱼雷击沉。无法挽救的"飞龙号"航空母舰被美军驱逐舰发射的鱼雷击沉。

6月5日天刚亮,美军飞机一波又一波轰炸负伤的日军巡洋舰"三隈号""最上号"。"三隈号"葬身海底,而重伤的"最上号"反而逃过大难,挣扎着回到特鲁克的基地。

中途岛海战中,日本进攻中途岛的企图被打破。在太平洋战区,日本开始丧失战略主动权,战局出现有利于盟军的转折。

战役结果

中途岛战役美军只损失一艘航空母舰、1艘驱逐舰和147架飞机,而日本却损失了4艘航空母舰、1艘巡洋舰、330架飞机,还有几百名经验丰富的飞行员和几千名舰员。中途岛战斗是日本海军350年以来的第一次决定性的败仗,改变了太平洋地区日美航空母舰的实力对比。它结束了日本的长期攻势,恢复了太平洋海军力量的均势。

↓战场上的战斗机

英雄的末路——滑铁卢战役

滑铁卢战役是世界著名军事家拿破仑的最后一战。滑铁卢战役是因1815年6月18日法军与英普军在比利时小镇滑铁卢的残酷战斗而命名的。由于种种原因，英普军获得了决定性胜利。这次战役结束了拿破仑帝国。

滑铁卢的上午

1815年，拿破仑从厄尔巴岛逃出之后，靠着自己的个人魅力和军事才能迅速集结了属于自己的武装力量，并帮助他重新登上了皇位。这引起了其他国家的恐慌。法国与英普联军之间的大战不可避免。

1815年6月18日，战役打响以前，拿破仑又一次骑着自己的白色坐骑，沿着前线从头至尾检阅一番。11时，炮手们接到命令：用榴弹炮轰击山头上的身穿红衣的英国士兵。

从上午11时至下午1时，法军师团向高地进攻，一度占领了村庄和阵地，但又被击退下来，继而又发起进攻。在空旷、泥泞的山坡上已覆盖了上万具尸体。可是除了大量消耗以外，法军什么也没有得到。

双方的军队都已疲惫不堪，他们都知道，谁先得到增援，谁就是胜利者。英方的元帅威灵顿等待着布吕歇尔将军，拿破仑则盼望着格鲁希将军。

格鲁希的错误

格鲁希并未意识到拿破仑的命运掌握在他手中，他只是遵照命令于6月17日晚间出发，按预计方向去追击普鲁士军。正当格鲁希元帅在一户农民家里急急忙忙进早餐时，远处传来开炮的声音。所有的人都毫不怀疑——皇帝已经向英军发起攻击了。

可是格鲁希却拿不定主意。他习惯于唯命是从，他胆小怕事地死抱着写在纸上的条文——皇帝的命令：追击撤退的普军。副将军热拉尔恳切地请求：至少能让他率领自己的一师部队和若干骑兵到那战场上去。他说他能保证及时赶到。

格鲁希考虑了一下便使劲地摇了摇手。他说，将这样一支小部队分散开进行行动是不负责任的，他的任务是追击普军，而不是其他。

事实上，格鲁希只考虑了几秒钟，但这几秒钟却无情地改变了法国的命运与世界的历史。

决 战

拿破仑和威灵顿各自拿着自己的计时器，数着每一小时、每一分钟，计算着还有多少时间，最后的决定性的增援部队就该到达了。双方都清楚：谁的增援部队先到，谁就会赢得这次战役的胜利。

普军的侧翼终于响起了枪击声，拿破仑深深地吸了一口气："格鲁希终于来阻挡普军了！"他以为自己的侧翼现在已有了保护，于是集中了最后剩下的全部兵力，向威灵顿的主阵地再次发起攻击。

然而刚才那一阵枪声仅仅是一场误会，只见普军的大批人马毫无阻挡地、浩浩荡荡地从树林里钻出来——原来迎面而来的根本不是格鲁希率领的部队，又是一股增援的普军！

这一消息飞快地在拿破仑的部队中传开。部队开始退却，但还有一定的秩序。而威灵顿却抓住这一关键时刻，骑着马，走到坚守住的山头前沿，脱下帽子，在头上向着退却的敌人挥动。他的士兵立刻明白了这一预示着胜利的手势。所有剩下的英军一下子全都跃身而起，向着溃退的敌人冲去。与此同时，普鲁士骑兵也从侧面向仓皇逃窜、疲于奔命的法军冲杀过去，只听得一片惊恐的尖叫声："各自逃命吧！"仅仅几分钟的工夫，这支有着赫赫军威的部队变成了一股被人驱赶的抱头鼠窜、惊慌失措的人流。它卷走了一切，也卷走了拿破仑本人。

↓拿破仑画像

凡尔登战役——一场地狱似的战争

凡尔登战役是1916年德意志帝国决定把进攻重点再次转向西线，力图打败法国而发动的。凡尔登战役是典型的阵地战、消耗战，双方伤亡近100万人。由于伤亡惨重，凡尔登战役被称为"绞肉机""屠场"和"地狱"。

地狱似的战役

1916年2月21日，德军发起战争，炮兵在宽40千米的正面阵地上实施炮击，航空兵首次对法军阵地实施轰炸。接着德军步兵发起冲击，先后攻占三道防御阵地。2月25日，法军第2集团军司令H.P.贝当调集一切可以动用的部队，决心在凡尔登地区与德军决战。

法军经过4天激战，损失惨重。之后，法军利用唯一与后方保持联系的巴勒迪克—凡尔登公路，源源不断地向凡尔登调运部队和物资，在一周内组织3900辆卡车，运送人员19万、物资2.5万吨。这是战史上首次大规模汽车运输。法军大批援军及时投入战斗，加强了纵深防御，对战役进程产生了重大影响。

至月底，德军弹药消耗很大，且战略预备队未及时赶到，攻击力锐减，从而丧失了突破法军防线的有利时机。

毒气的使用

从3月5日起，德军扩大进攻范围，从西面包围凡尔登，同时继续加强东岸的攻势，由急促攻击改为稳步进攻，但遭法军顽强的抵抗。4—5月间，攻击效果不大的德军集中兵力使用喷火器、窒息性毒气和轰炸机对西岸法军实施重点突击，途中遭法军炮火猛烈反击，5月底被迫停止进攻。

6月初，德军再次发动大规模攻势，经7天激战切断了沃堡与法军其他阵地的联系，攻下沃堡，迫使沃堡守军于7日投降。至6月下旬，德军首次使用光气窒息毒气弹和催泪弹猛攻苏维耶堡，在4千米宽的阵地上发射11万发毒气弹，给法军造成重大伤亡，一度进抵凡尔登，但终被击退。7月以后，德军因将新锐武器投入战场，减小了对凡尔登部队的投入，因此没有产生显著效果。

直至10月24日，战略上占大好时机的法军发动大规模反攻，于11月初收复杜奥蒙堡和沃堡。12月15—18日，法军再次发动最后的反攻，收复被德军攻占的阵地。战役至此结束。

在这场典型的消耗战中，双方共投入200万兵力，发射了4000万发炮弹，法军损失54.3万人，德军损失43.3万人，伤亡人数近百万，创造了战争史纪录。凡尔登战役的"绞肉机"和"人间地狱"的称号也由此而来。

扩展阅读

亨利·菲利浦·贝当（1856年4月24日—1951年7月23日），法国陆军将领、政治家，也是法国维希政府的元首、总理。他曾在第一次世界大战期间担任法军总司令，带领法国与德国对战，被认为是民族英雄，称为"凡尔登的救星"。1918年升任法国元帅。曾任陆军总监、国防部长等职。1940年任法国总理时，因向德国投降议和而在1945年的战后审判中被判处死刑，后改判终身监禁。

↓1916年的战场

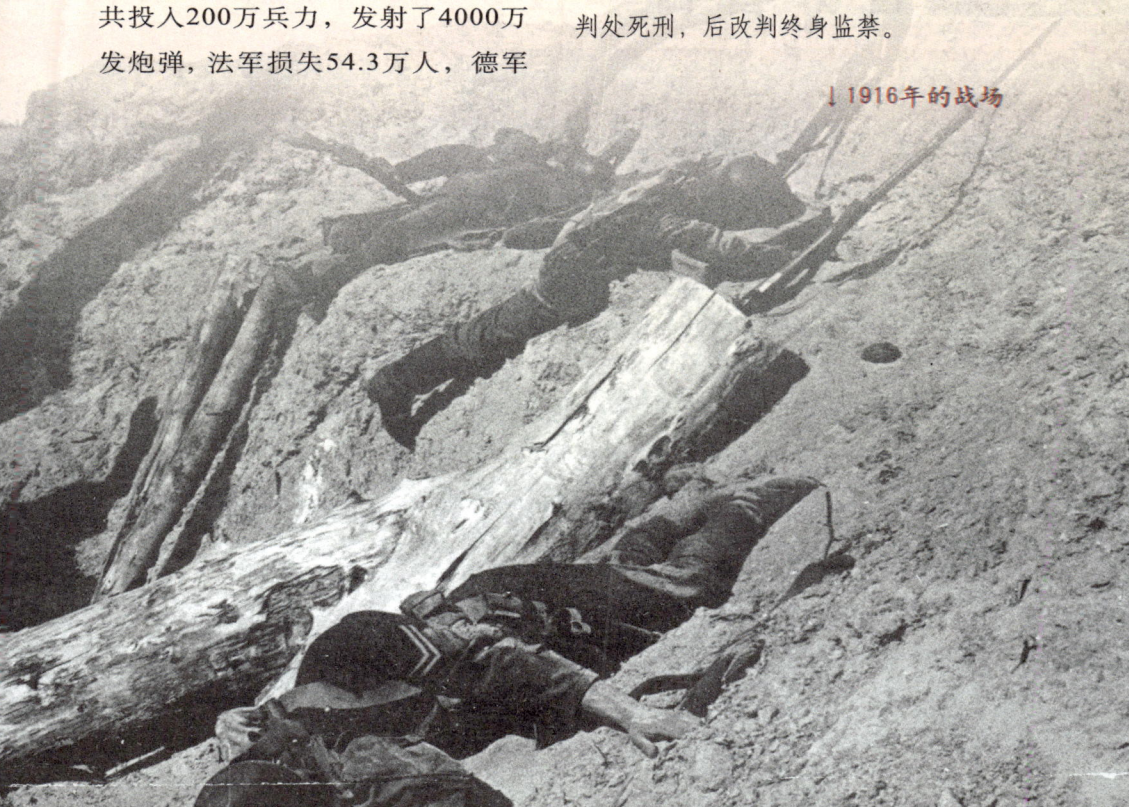

图说经典百科

第六章
世界著名军校

军校是将帅的摇篮,是培养将帅的重要基地。一个人的发展要看他所接受的教育程度,一个伟大将帅的成名更要看他所受到的是什么样的军事教育,就读的是什么样的学校,这对一个人的发展起着很重要的作用。世界上一些著名的军校,如美国西点军校、海军学院、俄罗斯伏龙芝军事学院等,培养出无数优秀的军事人才,他们在战争中创造出很多奇迹,同时也让这些历史悠久的学校闻名于世,被后人所向往。

美国西点军校——世界第一军校

美国军事学院，常被称为西点军校。西点军校是美国第一所军事学校，位于纽约州西点（哈德逊河西岸），西点军校的校训是"责任、荣誉、国家"，该校是美国历史最悠久的军事学院之一。它曾与英国桑赫斯特皇家军事学院、俄罗斯伏龙芝军事学院以及法国圣西尔军校并称世界"四大军校"。

历史沿革

西点对于美洲来说，是个很重要的战略地点。1778年，萨丢斯·科什乌兹科设计了堡垒的外形。美国独立之后，华盛顿想在此建立一所全国军校，但是他的国务卿托马斯·杰弗逊反对建立西点军校，声称此种做法违背宪法精神。但最终，支持建立西点军校的呼声还是盖过了反对的声音，1802年西点军校正式成立。

杰弗逊上任总统之后，于1802年3月16日建立联邦西点陆军军官学校，同年7月4日西点军校开学。南北战争之后，美国开始建立其他工科学校，西点军校的课程开始扩展到土木工程之外的领域。

第一次世界大战以后，道格拉斯·麦克阿瑟按照现代战争体能的要求，加强了体育健身和运动项目的课程强度。"每一个军校学生都是运动员"成了一个重要目标。同时，军校学生传统的荣誉系统，成为校方正式规则。

1976年，西点军校第一次招收女生。1810年和1816年，西点军校没有毕业生；而1861、1915、1917、1918、1922和1943年有两班毕业生。20世纪，西点军校课程结构继续扩展和改变，现在学生可以在十几个领域中选课，除以前的工科，各类理科和文科都有了。

辉煌的校史

美国西点军校——这所几乎

和美国历史一样悠久的著名军校，建成近200多年来，一直被称为美国陆军军官的摇篮，培育了一代又一代名将和军事人才，其中有3700多人成为将军，2人成为美国总统（格兰特和艾森豪威尔）。

据1993年统计，美国陆军中有超过40%的将军是西点军校的毕业生。翻开美国的军史，可以毫不夸张地说，凡是有美国参与的战争，就一定有西点军校毕业生的身影。美国内战的60次重大战役中，西点毕业生指挥的战役就有55次。

在第一次世界大战中，美国远征军总司令约翰·丁·潘兴将军，以及参战的38个军、师指挥官中的34个指挥官，都是西点军校毕业生。在第二次世界大战中，西点军校毕业生的名望可谓达到巅峰。这些西点军校骄子在战场上打得轴心国部队闻风丧胆，为世界反法西斯战争的胜利立下了赫赫战功。1946年秋季，受英国首相丘吉尔表彰的最杰出的30名美国将军中，有21名是西点军校的毕业生。

一件头等大事

西点军校的历史要从美国的独立战争说起，在那次战争中，因为地势险要的西点是美军防御的战略要地，所以为了阻止英国军舰进犯，美军在此设防，用铁链封锁河面，并给英军以重创。独立战争胜利后，战争的经验教训使以开国元勋华盛顿为首的一批领导人和政治家意识到，必须建立一所军事院校，以培养为战争这门艺术服务的职业军官和军事技术人才。华盛顿强调："创办这所学校是美国发展的头等大事。"

1802年7月4日，美国独立纪念日这一天，美国历史上的第一所军校——西点军校宣告成立。首批学员10人，其中包括后来被称为"西点之父"的西尔韦纳斯·塞耶上校。他于1817—1833年任西点军校校长。第一次世界大战后，1903届毕业学员道格拉斯·麦克阿瑟出任西点军校校长。他提出了"应着眼于不断变化的世界，着眼于复杂的未来，着眼于军事技术和装备的不断现代化"的原则，大大开阔了美国军事教育事业的视野，使美国军事教育实践开始由面向国内问题转向世界性问题，把传统的西点军校带进了现代化的20世纪。

西点军校从成立第一天开始就把培养第一流的军官作为办校宗旨。从学员的入学选拔开始就严加要求。"我们需要的是战场上的狮子……"麦克阿瑟曾这样评价西点的培养目标。

美国海军学院——英雄的母校

我们前面已经讲过尼米兹，人们都知道他是二战时美国的海军英雄，但他的母校美国海军学院也同样赫赫有名。

美国海军学院位于马里兰州首府安纳波利斯，因此又称"安纳波利斯军校"，是美国海军培养初级军官的一所重点学校。该校的主要任务是为海军舰艇部队、海军航空兵部队和海军陆战队培养各种专业的初级军官。

海军学院创建的直接因素

1794年，乔治·华盛顿总统劝说国会，授权他组建新海军力量以打击日益猖獗的海盗，建立海军的事宜也被提上议事日程。

1825年，约翰·昆西·亚当斯总统催促国会建立一所海军学校"以培养优秀的海军军官"。这一建议直到20年后才因一起重大事件而获通过。1842年9月13日，"萨莫号"训练船从布鲁克林码头起航，然而，纪律涣散的学员发生了叛乱。最后，舰上的叛乱首领海军学员菲利普·斯宾塞和他的两名主要同伙——水手长塞缪尔·克伦威尔和水手以利沙·斯莫，被吊死在桅杆横端。这件事震惊了整个美国，也直接导致了海军学院的建立。

海军学院的诞生

1845年10月10日，马里兰州安纳波利斯一个占地10英亩的塞文堡陆军兵营，迎来了50名海军学员和7名教官，美国的海军学院终于诞生了。它是美国海军唯一一所正规军官学校，当时被称为海军学校。该校学制为5年，其中3年为海上训练。1850年改称为海军学院，学制改为4年，主要是为舰艇及海军航空兵和海军陆战队培养各种专业的初级军官。

被称为旅游胜地的历史文物

1963年，联邦政府指定该校校舍为国家历史文物。每年来此观光的游客达100万以上，主要建筑物有号称世界最大宿舍楼的班克罗夫特大楼，是学员生活楼。每36个学员连有一个集会室，楼内有天主教、耶稣教和其他宗教的小教堂，有小百货店、裁缝店、书店、理发店、修鞋店、邮局、保龄球场、快餐店、娱乐室等，就像一个极其豪华的城市。附属设施还有一个能容纳全体学员就餐的大餐厅、牧师队中心和礼堂。

这所远近闻名的学校也吸引了不少女性的青睐。1976年，国会批准女性可以进入所有军校学习，海军学院也开始接受第一名女性学员。目前，女性学员已占海军学院新生队伍的13%—14%，接受与男性同学相同的学术和专业训练。

从这所学校里走出的有第一次获得诺贝尔奖奖金的美国科学家米切尔森，《海权论》的作者战略理论家马汉及美国前总统卡特和布什，还有许多海军和海军陆战队上将以及著名的宇航员。

↑ 海军学院

该校在陆军的塞弗恩堡原址上初建时仅有10英亩土地，但随着海军的成长，学院的规模不断扩大，现在占地已达322英亩，增加的面积大部分来自填河造地。主要建筑物采用文艺复兴时期的风格，不过现在塞文堡的旧式木质建筑已逐渐被现代化的花岗岩所代替。其后，经历年扩建，成为美国西海岸最著名的建筑群之一。

桑赫斯特皇家军事学院
——英国皇家军校

桑赫斯特皇家军事学院是英国培养初级军官的一所重点院校，也是世界上训练陆军军官的老牌院校之一。

这所皇家军事学院的由来

桑赫斯特皇家军事学院的历史可以追溯到1741年4月30日。那一天，经英国国王乔治二世批准，英国皇家第一所军校在伍尔维奇成立了。

1947年，英军将其与皇家军事学院合并，正式改称陆军桑赫斯特皇家军事学院，并于当年1月3日开学。英军老学院、新学院、维克多利学院三所院校驻在桑赫斯特，直到1970年。在院校集中与合并中，桑赫斯特集中了更多的军官训练机构而形成今天的规模。

严格、多样的训练

桑赫斯特皇家军事学院教育训练的目的是：培养合格领导人才，并为年轻军官提供所需的基础知识，以使他们胜任初级指挥官。

其宗旨是使军官学员全面了解自己所从事的职业及担负的职责，培养基本的领导和管理才能、纪律观念和责任感，提高身体素质。因此，皇家军事学院的入校训练，并不像美国西点军校那样地"野蛮"，而是在保持英国绅士风度的前提下，将学员从老百姓向军人转变。

最初的标准是学会理发、擦皮鞋、换装、清扫房间，还要接受不断的检查、训话等。这的确是艰苦的锻炼。学员要获得荣誉剑、女王奖章是相当难的，体育训练、智力考核也是非常严格的、多样化的，既有在教室的听讲、运动场的锻炼，还有在各种地形、不同地区的野外演练。

学院的中央图书馆藏书15万册,另外还有许多油画、礼品等。墙上还开辟了学院优等生的名单录,他们均被授予维多利亚十字勋章、荣誉剑或其他奖品。桑赫斯特校园的建筑群及其装饰品、陈列品,犹如一座古今结合的军事博物馆,使一批又一批英国学员从中汲取知识与力量。

皇家军事学院的发展

英国陆军桑赫斯特皇家军事学院虽然培育的是初级指挥人员,但它对英国军队和社会的影响同样是巨大的。

20世纪70年代,英国皇家宣布:凡是要到正规陆军就任的军官必须要经过桑赫斯特皇家军事学院的培训。这个规定就表明了这所军校在英国社会中的地位。这所军校按照"当好军事领导者"这条校训,以英国人的精细和英国陆军的自豪昂首阔步地向前稳步迈进。

该学院自从问世以来也是硕果累累,据统计,现在英国陆军中80%的军官是由桑德赫斯特皇家军事学院培训的,历史上著名的学员包括英国首相丘吉尔、著名军事家蒙哥马利以及罗伯茨和亚历山大等10多位陆军元帅。

↓英国皇家军事学院

克兰韦尔空军学院——英国航空军队的学校

克兰韦尔皇家空军学院是一所为英国皇家培养军官的教育机构，也是世界上第一所军事航空学校。但克兰韦尔的历史并不是开始于皇家空军，而是开始于皇家海军航空局。1914年，英国海军成立了海军航空兵，随后便在林肯郡的克兰韦尔建立了一所皇家海军飞行训练学院，这便是克兰韦尔皇家空军学院的前身。

第一个军事航空学院的诞生

1918年4月，皇家空军成为世界上第一支独立的空中部队，克兰韦尔也随之转变为皇家空军的训练基地。第一次世界大战结束后，皇家空军成功地保住了其独立军种的地位，1919年10月英国内阁允许其将皇家空军克兰韦尔基地改造成一所空军学院。

1920年2月5日，新的克兰韦尔皇家空军学院宣布成立，朗克罗夫特空军准将为学院院长。这也标志着世界上第一个军事航空学院的诞生。克兰韦尔皇家空军学院最初学制为两年，学员毕业后被任命为皇家空军军人，但会进行后续的飞行训练。

1922年，学院决定兴建学院大楼以替代战时的海军棚屋。这项工程直到1933年9月才完成，耗资32.1万英镑。1934年10月，威尔士王子（后来的爱德华八世）主持了学院大楼的落成仪式。

1939年第二次世界大战爆发后，克兰韦尔皇家空军学院暂时中止了教学，改为进行中、高级飞行训练的训练中心。

1946年10月克兰韦尔皇家空军学院重新开办，课程延长为两年半。1958年，课程又延长为三年，第一年集中进行理论学习，后两年强调飞行训练。

到了20世纪70年代，皇家空军学院开始转变教育理念，缩短了学制，

第六章 世界著名军校

取消了绝大多数学术课程，而集中进行皇家空军的军官任职训练。

学校基本概况

克兰韦尔皇家空军学院隶属于皇家空军人事与训练司令部。学院下设军官基础训练系、基础飞行训练系和地勤与后勤训练系以及三所飞行训练学校，分别担负飞行、空勤、地勤和后勤军官及军士长的培训任务。此外，克兰韦尔也是皇家空军空勤学员和军官学员组织总部、招飞与招生总部，以及中央飞行学校总部所在地。

与英军其他的三所军官学院一样，克兰韦尔皇家空军学院的教学属于军官任职前的岗前培训，学员的学历教育大部分在入学前已经完成，或者留待毕业后完成。

学员的军官资格在招生阶段就由军官资格审查委员会予以确定，而不是在毕业之后。除英国皇家空军人员外，克兰韦尔还接收皇家海军和陆军军官以及海外40多个国家的军官学员，还有国防部文职人员和英国工业界的学生。

学校里的名人

1916年4月1日，戈弗雷·佩因海军准将任"皇家海军航空兵克兰韦尔中央训练团"指挥官；第一次世界大战后，英国皇家空军参谋长休·特伦查德爵士担任院长；1920年2月5日，朗克罗夫特空军准将担任英国皇家空军学院院长。

↓ 克兰韦尔皇家空军学院

黄埔军校——
中国军事家的摇篮

黄埔军校，全名黄埔陆军军官学校。该校培养了许多在抗日战争和国共内战中大放光彩的指挥官。原址设于中国广东省广州市黄埔区长洲岛，军校在1924年由中国国民党成立，目的是为国民革命军训练军官作为国民政府北伐统一中国的主力军。

黄埔军校于1927年改制为中央陆军军官学校，1946年再改制为陆军军官学校，并随国民党迁台时一并迁至台湾高雄市。

黄埔军校的创建

孙中山先生希望通过创建革命军来挽救中国的危亡，黄埔军校就是在这一背景下诞生的。孙中山在开学典礼上曾致词：我们开办这个学校，要用里面的学生做根本，成立革命军，诸位就是将来革命军的骨干，创立了革命军，我们的革命才能成功。

1924年，国共两党首度携手合作，孙中山先生高瞻远瞩，视"教育为神圣事业，人才为立国大本"，在广州亲手创办了一文一武两所学堂——国立广东大学（今天的中山大学）和黄埔军校。

黄埔军校建校时的正式名称为"中国国民党陆军军官学校"，因其校址设在广州东南的黄埔岛，史称黄埔军校。黄埔军校建立的目的是为国民革命军训练军官，作为北伐军的主力。1946年行宪之后，国民党名义上移交军队于国家后，黄埔军校改称"中华民国陆军军官学校"。

黄埔军校是孙中山先生在中国共产党和苏联的积极支持和帮助下创办的，是第一次国共合作的产物。以孙中山的"创造革命军队，来挽救中国的危亡"为宗旨；以"亲爱精诚"为校训；以培养军事与政治人才，组成以黄埔学生为骨干的革命军，实行武装推翻帝国主义和封建军阀在中国的统治，完成国民大革命为目的。广大黄埔师生在反帝反封建、争取国家统一与民族独立的斗争中立下了赫赫战功，为中国革命做出了重大贡献。

黄埔军校作为中国近代历史上第一所培养革命干部的新型军事政治学校，其影响之深远，作用之巨大，名声之显赫，都是令世人所始料不及的。而昔日的黄埔军校旧址于1988年被中华人民共和国列为第三批全国重点文物保护单位。

第一任校长的由来

我们都知道了黄埔军校最初是由孙中山创建的，但其第一任校长为什么会是蒋介石呢？蒋介石当上校长是有很多因素的，首先是国民党军队缺乏军事人才，其次是蒋介石自己"毛遂自荐"。当时的蒋介石对孙中山表现得很忠诚，又学过军事，有一定的才能，可谓年轻有为，于是深得孙中山信任。关于校长人选，最初决定由程潜担任，蒋介石为副校长。但是蒋介石不愿在程潜之下，于是负气出走，跑到上海消极对抗，并派人找孙中山说情，于是5月3日蒋介石被任命为校长。

虽然校长一职在当时的国民党内并不是特别显赫的职位，然而对蒋介石来说，担任黄埔军校校长，却是他政治生涯中一个具有决定意义的契机。蒋介石以黄埔军校校长为跳板，才开始得以飞黄腾达，走进权力的长廊，进而跃向权力的巅峰。

↓黄埔军校旧址

图说经典百科

第七章
特种部队

特种部队作为一种独立的部队存在，对维护国家安全具有重要的作用。这是一支坚强的队伍，他们担负着反对恐怖主义的重要任务。特种部队队员个个都是身怀绝技、具有超强本领的战士，他们或许是某个特定领域的专家，或许是本领高强的神枪手。他们接受最残酷的魔鬼训练，他们能应对各种艰难困苦的环境，他们用敢于牺牲、勇于奉献的精神维护着国家人民的安定，他们的存在为人们的安全提供了保障。而每一支特种部队都有它自己的独特之处，本章将带你了解他们的选拔、训练、技能、武器装备和经典战例等方面的知识，带你进入特种部队世界。

意大利特种部队

意大利"皮头套"反恐怖突击队，是1978年在当时的意大利总理莫罗被恐怖组织"红色旅"杀害后组建的，隶属于意大利内政部的"侦察和特别行动中央办公室"。为了防止恐怖组织报复，队员们在执行任务时总是上穿夹克衫，下套饰有迷彩伪装的紧身军裤，头戴特别的头套，以神秘的面孔出现在公众面前，外界将其称为"皮头套"突击队。

意大利"皮头套"突击队相对于其他国家的特种部队来说组建虽然比较晚，但是比起其他国家的老牌特种部队来说还是毫不逊色的。

"皮头套"的故事

意大利是世界恐怖活动泛滥成灾的一个地区，在那里有世界上成立最早、影响最大、名声最响的极左翼恐怖组织"红色旅"，而且也有装备精良、有着狐狸般狡猾和狮子般凶残的恐怖组织"黑手党"，许多声名显赫的军政要员遭到了他们无情的绑架和残害，也有无数无辜者被残害。

1978年，时任意大利总理的莫罗被恐怖组织"红色旅"杀害。遵照当时内政部长的命令，安东尼奥·法列夫开始着手创建意大利王牌特种部队。

意大利"皮头套"反恐怖突击队的正式名称为"中央特别行动保安队"，该部队建立时编员仅有170人，平均年龄大约23岁，即使是最大的突击队员也不满30岁。随后，意大利宪兵部队中的"特别干预小组"也合并到这支特种部队中。

一个严密的组织部队

"中央特别行动保安队"（"皮头套"突击队）隶属于内政部"侦察和特别行动中央办公室"，直接受命于意大利政府总理、内政部长、国防部长。中心任务就是专门对付意大利国内或者国际恐怖分子在意大利境内的劫机、绑架等恐怖活动。

意大利当局为了防止突击队员遭受恐怖组织的报复，这支部队从普通队员到指挥官的姓名、相貌、住址、电话号码对外均绝对保密，严格要求不得向任何人以任何方式对外透露，其基地设在意大利利沃尔诺市附近的阿尔登扎镇。突击队员日常的强化训练都是在一个完全与世隔绝的小岛上进行的。

强悍的"皮头套"，残酷的训练

意大利反恐怖突击队自组建以来，一直马不停蹄地战斗于反恐斗争的最前线，以其强悍的身手和较强的团队精神先后6次成功地营救出人质，在意大利国内立下赫赫战功，同时还获得了美国政府的英雄勋章。

为了使反恐怖突击队具有超强的特殊战斗能力，有足够的实力同恐怖分子抗衡，反恐怖突击队对入队人员的挑选与训练是极其严格和残酷的，这样不仅能使突击队员在面对恐怖分子时有实力对抗，同时也是对突击队员生命的负责。

该特种部队的每个成员都是擒拿、格斗的高手，他们精通中国武术和日本柔道，并且对枪械极为熟练，个个都是神枪手。他们能娴熟地使用手枪、狙击步枪、火箭筒、定时炸弹、催泪弹等武器，并精通驾驶、潜水等技术。为了有效地预防和打击大城市中心部的恐怖活动和监狱暴乱，突击队员还不断地锻炼跳伞和着陆能力，不断地接受飞机紧急着陆和跳伞的作战训练。

一枚自由勋章，最大的肯定

随着近些年来恐怖主义和恐怖活动不断加剧，有的恐怖组织甚至开始提出政治条件作为交换人质的条件，影响较大。其中最有名的莫过于美国多齐格尔将军被绑架一事。1981年12月17日，在维罗那，北大西洋公约组织驻南欧部队的参谋长、50多岁的美国准将多齐格尔将军在家被四名声称是水暖工人的"红色旅"恐怖组织的恐怖主义者绑架。

绑架事件发生后，意大利最大的恐怖组织"红色旅"宣称对此事负责。与此同时，意大利反恐怖突击队奉命前去解救人质，最终将人质在帕多瓦城镇宾德蒙大街2号一幢8层高的公寓楼成功救出。这次营救成功后，突击队员获得了美国政府颁发的自由勋章，表达对突击队员的最大肯定与赞赏。

英国特别空勤团

英国特别空勤团是英国最精锐的特种部队，它是世界上第一支正规的特种作战力量，是现代特种战术的开创者，是所有现代特种部队的楷模。它以能在短时间内准确而高效地完成任务而著称，是目前所有特种部队中任务完成率最高的部队，也是世界上最好的特种部队。

其简称"SAS"的意义

英国特别空勤团(Special Air Service)简称"SAS"，其标志是在臂章上简洁地绣有3样独具特色的东西。首先是一个短剑，其意为锋利无比，可以准确无误地刺入敌人要害；一个张开的翅膀，意思是它既表示其特别空勤团的身份，同时也表示它能快速地部署到地球上任何有需要的地方；另外，臂章的下端，红边蓝底的绶带上绣着"勇者必胜"几个字，它是特别空勤团的座右铭。

一支红色魔鬼队

英国特别空勤团成立于第二次世界大战初期，其最初的名字是"空降哥曼德"。最早成立的是"L分队"，1942年该单位增至390人，并且改名为"第一空降特勤团"。又经过之后多次的重组和一段时间的扩充后，一个SAS旅终于于1994年1月在苏格兰正式成立。

英国第22特别空勤团被德国称为"红色魔鬼"，它经历了所有的沙漠战役，在意大利和欧洲西北部，常以训练精良的小型团体深入敌后独立作战，有着超强的作战能力，就连德军著名统帅"沙漠之狐"隆美尔也对此惧怕，他曾无奈地下令：对抓获的特别空勤团俘虏实行就地枪决。

怎样挑选一个合格的成员

SAS特种军团中，没有军官或士兵可以直接入伍或进入正规团，他们只能是来自英国陆军中其他团或军团的志愿者。一名士兵要得到认可，成为一名具有充分资格的成员，大约需要2年的时间，然后才会有一段诸如战斗突击队角色的高强度训练时间。

SAS团的正规军官和士官一次正常的勤务时间为3年，之后他们通常会回到原先所在的团或兵团。这样可确使SAS团不会变得太自我，也可在服役时将那些组成SAS的紧密混合的构想和训练传播开来，散播至陆军的其余部分。

该部队配有的武器与装备

SAS拥有超先进的武器，其中最著名的武器是汉克勒寇奇的MP59毫米冲锋枪，该武器在突击伊朗大使馆期间表现出极佳的效果。在野战行动中，他们多使用各式M16突击步枪和FN·Minimi轻机枪等；狙击手一般使用L96A1。

该部队每个中队轮流替换不同的战斗小组的角色，他们随时准备穿上黑色攻击装和防毒面具。其装备武器包括"闪光震撼"手榴弹、身体护具、刀子和散弹枪，再加上手枪、卡宾枪与冲锋枪等。

严密的行动

英国特别空勤团在执行作战任务时，通常是参与混合编队。当独立执行任务时，远程机动是靠搭载皇家空军运输机或皇家海军舰艇；而近程机动则是主要靠搭载陆军航空兵和海军航空兵的武装直升机。

该部队具有机密的行动条例，1988年的《星期日快报》曾首次披露了该军团的行动条例。其中包括：第一，每项行动要有书面命令，并且有陆军总部的批准；第二，其对付的"目标"必须是已经受到长期监视，并确认是准军事组织的成员；第三，执行任务单位的长官必须确认该"目标"拥有武器和爆炸品，并确定已经杀人或对他人的生命构成极大的威胁；第四，均符合上述条件的，不经警告就可开枪；第五，事后须立即呈送一份详尽的书面报告。

↓ 特种士兵

美国海豹突击队

美国海豹突击队全称美国海军海豹突击队，它是美军三栖突击队的别名。该突击队正式成立于1962年，它的前身是美国海军水下爆破队，现已成为美国实施低强度战争、应付突发事件的利器。

无论是执行任务还是训练，海豹突击队都凭借自己出色的表现赢得众多欢呼，成为特种部队中最具传奇色彩的一支部队。他们几乎成功地参与了每一次重大的现代战争和军事反恐事件。

最为神秘的特种部队

美国海豹突击队是世界十大特种部队之一，也是世界上最为神秘、最具震慑力的特种作战部队之一。至今外界仍很少有人知道海豹突击队会在什么地方执行任务、以什么地方作为训练基地等，然而就是这支神秘的力量，总是会在国家需要他们的时候立即出现。

自1962年肯尼迪总统亲自组建美军特种部队(绿色贝雷帽)以来，

该部队建队初衷

美国海豹特种部队的起源可追溯到二战时期的侦察与突击部队和海军战斗爆破队。第一批侦察与突击部队的创建，最初目的是建立一支利用小型船只渗透敌区以汇集情报的特种部队。

海军战斗爆破队可以说是美国海军蛙人的始祖，它成立于1943年6月6日。其成立目的是希望建立一支两栖登陆的先遣部队，保证后续主力部队的顺利登陆。

其兵源多来自海军的工程与建筑部门，训练内容包括炸弹的拆解、爆破、两栖侦察与著名的"地狱周"耐力训练。直至今日，海豹突击队采用

↑ 美国海豹突击队训练

的训练课程仍是当时所制定的。

严格的入伍条件

美国海豹突击队是一个国家的骄傲，因此能成为突击队战士，是一名美国军人的最高荣誉。但是要成为一个海豹部队成员并不容易，他们必须先通过基本水中爆破训练以及专业的海豹资格训练，然后才能佩戴显示海豹部队的佩章。

海豹突击队战士的任务因为涉及国家头等机密，所以很少有关于他们的报道。海豹突击队队员通常以一两个人为一组，作战训练和执行任务时最多也不超过16个人，其中以8人以下的作战班最为普遍。

部队所执行的任务是绝对保密的，可周密到极小细节的计划和迅如闪电的行动。即使在和平时期，海豹突击队仍然如临战一般训练，从不懈怠。因为他们坚信，只有在训练场上多流汗，才能保证在战场上少流血。该突击队队员作战时有三件随身战斗工具：一件是美国斯特赖德战斗刀，一件是美国休·费尔战术灯，还有一件是鲁美诺斯军表。

五大种类的任务类型

海豹突击队主要执行五大类任务：非常规战争，战争中使用游击战术，其特点是小规模的战斗小组采用非常规作战战术，包括破坏敌军供给、实施佯攻、进行爆破等一些"打完就跑"的行动。

境外内部防卫，是专为建立友谊而为外国人提供的训练。

直接行动，即正对着敌军目标前进。任务可能包括袭击陆上或水上目标、解救人质、伏击敌人等。

反恐行动，是指包括针对恐怖活动的直接行动，以及阻止恐怖活动、保护市民和军队的反恐行动。

还有一个是特殊侦察，包括进行旨在收集信息的初步勘查、配备观察岗以及其他类型的监视活动。

当他们没有接到任务时，会持续进行训练，在巩固基本技能的同时学习新技能，以求做得更好。

印度国家安全卫队

印度国家安全卫队是印度内阁秘书处根据1985年国家安全法组建的一支反恐部队。它是亚洲最精锐的反恐部队之一,他们在紧张的反暴行动中获得了大量作战经验,他们执行从反恐、人质救援到保护要员的多重任务。印度国家安全卫队也被称为"黑猫突击队",其司令部设在新德里中央政府办公区内。

伟大的保卫格言

印度国家安全卫队是亚洲最精锐的反恐部队之一。该特种部队成员在日常的训练中,需经受百般残酷的磨炼,需进行数百次真实场景的模拟练习,他们不畏艰难,不怕辛苦,每天坚持常人难以承受的训练。他们坚信训练是保持身体素质和发动突然袭击的关键。

发动突袭并不意味着恐怖分子对安全卫队什么都不了解,而是安全卫队正确地选择在什么时间、采用什么方式,采用何种技术和武器,在何处发动攻击,给恐怖分子以沉重的打击。国家安全卫队成员个个身着黑色制服,头戴栗色贝雷帽,有"黑猫突击队"的俗称。他们的战斗保卫格言是"人人为大家,大家为人人"。

残酷的魔鬼训练

要成为印度国家安全卫队的成员,是要经过一番魔鬼训练的。首先他们要接受部队的基础训练,在距离新德里50千米处的曼尼萨进行长达90天的艰苦训练。只有成功完成全部课程的士兵,才能正式加入国家安全卫队,进行更加专门的训练。

第一步骤的基础训练往往就会使大多数强壮的队员被淘汰,其淘汰率有时可高达50%—70%,比如,780米有26道障碍的越障训练,它合格的完成时间是18分钟,如果超过这个时间，队员就会自觉打包走人，因为一个出色的队员只需要9分钟就能完成！

之后他们还要经过一系列高难度的越障训练，完成这些训练之后还会有射击训练科目，这个科目是为了检验队员在身体受到重压和疲惫之后的成绩。只有全部达标的人才有资格被接纳为国家安全卫队新队员，继而接受进一步培训。同时，为了确保国家安全卫队一直保持较高的战斗力，队员们在国家安全卫队服役三至五年后往往就会退回到原部队。

让你大吃一惊的射击训练

在选拔成员的训练中，有一项让你大为震惊的训练科目——射击科目。这是一项有极高难度的训练，突击队员们要在一间伸手不见五指的黑屋里，用3秒钟的时间适应黑暗，然后凭借手电或者兼容激光图像增强器发现目标且将之摧毁。

这项训练的干扰因素不仅仅是黑暗，更重要的是在置身黑暗的同时，还要在舞厅的闪光灯等影响射击的条件下，瞬间发现并摧毁目标。

其次，为了培训队员们的射击技能，还建立了一个电子作战射击靶场，射击场长400米，共分为11个区，队员们要在6分钟30秒内通过射击场，并且准确成功打中29个目标。且只有2—3秒钟的射击时间，并且靶子有突然站起来的，有一下子跳出来的，有移动的、旋转的等各种形式。

队员们还要经受一种战斗免疫计划的检验，这项计划是最能考验队员们的胆识和射击技能的。训练规则是教官会让其中一名队员紧贴着靶子站着，让另一名队员瞄准射击，而且挨着靶子站着的队员不能穿防弹衣。这样疯狂大胆的训练，极大地锻炼了队员们的射击技能，用教官的话说是："让每个队员都切身体验子弹在鼻子底下横飞的感觉！"

一支值得骄傲的精英部队

国家安全卫队是一支精英部队，他们的作战目标是消除任何地域或重点设施中的特定的恐怖主义威胁；处理劫机局势，包括打击空中或陆地上的截夺行为；打击或消除特定局势中的恐怖主义分子，解救遭绑架的人质。

这支坚强的部队在维护印度统一方面发挥了重要的核心作用，他们拥有最先进的武器装备，他们较好地粉碎了反国家主义分子破坏印度社会的阴谋。它是南亚国家中最精良的一支特种作战部队。